大國治理

蘇長和　著

總策劃

彭國華

顧　問

何毅亭　陳先達　孫正聿　韓慶祥

何毅亭　中共中央黨校常務副校長

　　人民日報出版社圍繞構建中國話語、講好中國故事，策劃出版本系列圖書，是及時的，也是具有重大意義的。

　　二〇一七年十月，我們黨召開了十九大，習近平總書記代表中央委員會向大會做報告，在總結黨的十八大以來五年成就的基礎上，宣告中國特色社會主義進入新時代，並且系統闡述了作為黨的指導理論的習近平新時代中國特色社會主義思想。這篇報告，是我們黨的政治宣言，也是我們黨的行動綱領，更是我們黨的經驗總結，是我們構建中國話語、講好中國故事的基本遵循。

　　習近平總書記二〇一六年五月在全國哲學社會科學工作座談會上的講話，集中闡述了構建中國特色哲學社會科學的學科體系、學術體系、話語體系等問題，強調要對當代中國的偉大社會變革進行總結，不僅要讓世界知道「舌尖上的中國」，還要讓世界知道「學術中的中國」「理論中的中國」「哲學社會科學中的中國」，讓世界知道「發展中的中國」「開放中的中國」「為人類文明做貢獻的中國」。這個要求是非常明確、非常具體的。

　　改革開放四十年來，隨著中國經濟社會不斷取得長足發展，國際社會越來越願意閱讀中國故事，越來越願意傾聽中國聲音，越來越願意學

習中國智慧。黨的十八大以來的幾年尤其如此。為什麼？就是因為存在著「西方之亂」和「中國之治」的分野，有志之士都希望一探究竟，都希望了解「發展中的中國」「開放中的中國」「為人類文明做貢獻的中國」到底是怎麼回事。

「西方之亂」是一種客觀描述。二〇〇八年國際金融危機爆發以來，西方國家經濟復蘇乏力，至今仍然沒有擺脫低迷的窘境。何去何從，以美國為首的西方大國給出的方案是「本國優先」；「逆全球化」蔚然成風；一系列貿易保護主義措施紛紛出臺。與此同時，西方大國社會階層族群分裂、民粹主義抬頭。在應對國際國內突出問題上，西方各國政府普遍力不從心、改革乏力，甚至推卸責任、轉嫁危機。

與「西方之亂」形成鮮明對比的是，黨的十八大以來，以習近平同志為核心的黨中央，舉旗定向、運籌帷幄，統籌推進「五位一體」總體布局，協調推進「四個全面」戰略布局，提出一系列具有開創性意義的新理念新思想新戰略，出臺一系列重大方針政策，推出一系列重大舉措，推進一系列重大工作，解決了許多長期想解決而沒有解決的難題，辦成了許多過去想辦而沒有辦成的大事，著力推進國家治理體系和治理能力現代化，推動黨和國家事業發生深刻的歷史性變革，也為解決人類問題、完善全球治理體系貢獻了中國智慧和中國方案。這就是既造福中國也造福世界的「中國之治」。

正如習近平總書記所要求的，要成功推進並向世界講好「中國之治」，就要積極構建中國話語體系。構建中國話語體系，目的是與中國國際地位的提高相適應，客觀展現中國革命、建設、改革的成果，以理論、經驗和事實向世界提供發展方案，為促進各國共同繁榮貢獻智慧。構建中國話語體系，需要對西方話語體系進行科學辨析、理性批判，有理有據駁斥西方話語體系對中國和其他發展中國家的偏見，切實改變「西強中弱」的國際輿論格局，消除基於西方中心論的話語對中國形象

的歪曲，以事實為依據傳播真實的中國資訊，並推動形成健康的國際輿論氛圍。

　　本系列圖書，從哲學、歷史、外交、經濟、文化等多個維度，以理性的分析、翔實的資料、雄辯的事實、生動的故事談中國、論世界，是國內外讀者了解國際局勢及中國發展道路的重要參考，有利於傳遞中國聲音、塑造中國負責任大國形象，具有較高的理論價值和現實意義，能為構建中國話語體系、增強中國的國際話語權做出有益貢獻。這套叢書的作者，包括韓震、王義桅、辛鳴、陳曙光、蘇長和等，都是中國哲學社會科學領域的知名學者，有的還是很有潛力的青年才俊。他們的研究和建樹，保證了這套叢書的高度、深度和權威性。

　　我很高興向廣大讀者推薦這套叢書。

目錄
C O N T E N T S

序

第三章　大國治理的中國經驗

第四章　大國治理的中國方案

第一章　大國治理的世界意義

第一節　構建人類命運共同體政黨義不容辭

一、共同建設美好世界是政黨的責任

政黨是現代政治生活中的重要組織，對於建設美好世界負有共同的、不可推卸的責任。世界上不少政黨是在競爭性多黨政治環境下成長起來的，一個缺點是成長起來的政黨只代表部分群體和階層。這類政黨由於部分性的特點，對內部問題的關注甚於對外部問題的關注，對內部特定問題的關注甚於對全域性問題的關注，在國際政治議題上難以形成明確的、被廣泛接受的主張和方案。對競爭性多黨制國家來說，如何形成一個統一的外交政策而不是分裂多變的外交政策，也是不少國家制度體系面臨的難題。但是從人類共同命運來看，在一個互聯互通世界中，政黨需要克服困難，更多地擔起同其他國家政黨共同合作的責任，解決人類面臨的共同問題。

中國共產黨對內把為中國人民謀幸福、為中華民族謀復興作為自己的初心和使命，對外把為人類做出更大的貢獻作為自己的使命，體現出強烈的責任擔當意識。人類命運共同體是中國共產黨對當今世界面臨的治理赤字、和平赤字、發展赤字給出的一個方案，雖然是中國提出的，但是契合世界上大多數國家和人民對美好世界的追求。為構建人類命運共同體，各國政黨需要求同存異，攜手合作。

二、十九大是了解中國共產黨的重要窗口

十九大報告具有劃時代意義，做出了中國特色社會主義進入新時代的重大論斷，確立了習近平新時代中國特色社會主義思想的歷史地位。根據新時代的時代特徵、矛盾轉化、階段任務、具體布局，擘畫了我們黨在新時代領導全國各族人民全面建設社會主義現代化強國的藍圖，鼓舞人心，催人奮進。

如果我們對比研究世界上重要國家執政黨的各種國家發展報告就會發現，確實很少有政黨能像中國共產黨這樣，能夠既高屋建瓴又無比務實地推進國家現代化的各項事業發展。對於十九大及其報告，國際社會之所以給予了高度的關注，既與不少國家和政黨碰到的治理難題有關，他們想從中國共產黨治黨理政中尋找智慧和方案，也同十九大報告本身帶給世界的正能量有關，為應對全球治理三大赤字提出了引人深思的中國方案。作為一名國際政治學者，我還有一個深刻感受，就是十九大報告進一步向世界展示了中國共產黨這樣一個大黨的執政氣魄和風範。

三、借鑑治黨理政經驗，共同提高執政參政能力

世界上不少政黨，要麼鬆於政治建設或弱於思想建設，要麼疏於組織建設或散於作風建設，要麼懈於紀律建設或怠於能力建設，最後在時代變化和挑戰中失去執政地位。這些表明，加強政黨自身建設，對於一個政黨的長遠發展至關重要。

中國共產黨在加強自身建設方面經驗豐富。像中國共產黨這樣的大黨，什麼時候都不能丟掉自己的靈魂和精神、組織和紀律。十八大以來，圍繞「不忘初心，牢記使命」主線，中國共產黨直面挑戰，敢於勇於解決問題而不回避問題，加強黨的政治建設、思想建設、組織建設、

作風建設、紀律建設，同一切弱化、虛化、邊緣化黨的領導和組織的觀念和行為做鬥爭，使黨內政治生態發生積極顯著的變化，為新時代中國特色社會主義建設提供了政治保障和組織保障。

比如，中國共產黨一直重視思想理論建黨，這不是說其他國家政黨要按照中國共產黨建黨思想理論來指導自己政黨建設，而是如何更好地把政黨使命同國家建設和為人民謀幸福結合起來。世界上不少國家實行的是競爭性多黨制，競爭性多黨制使得各類政黨代表部分群體和階層，其與中國共產黨建黨邏輯截然不同，一個政黨如果淪為選舉機器，只是為部分群體階層而非全民謀利，那麼就很難有能凝聚起廣泛民眾的思想理論來源。現在世界上不少政黨都碰到這樣的思想理論危機。

對於任何一個政黨而言，必須著力於不斷自我淨化、自我完善、自我革新、自我提高能力上，才能與時俱進、與時俱新，進而有效應對重大挑戰、抵禦重大風險、克服重大阻力、解決重大矛盾。

中國共產黨是一個開放、包容、學習的大黨，既在充分尊重對方的前提下向世界介紹自己好的經驗做法，也善於謙虛地學習別人優秀的、適合自己的做法，從而帶領中國人民走出了一條符合自身國情的發展道路。

第二節　充分認識當今世界格局新變化

近年來，世界上發生的許多事件讓人們深思。許多人感覺，國際秩序進入深刻調整變化之中，全球治理領域出現許多亟待各國合作協商解決的新問題，發達國家和發展中國家共同面臨發展和治理任務。與此同時，隨著世界政治經濟生態變化，國際文化交流與思想交鋒格局也出現了一些值得關注的新動向。世界在各種矛盾的交織、對抗、轉化以及各方力量和方案的競爭、比較、選擇中發展前行。

一、維護與破壞國際秩序的正面和負面因素並存

維護以聯合國為核心的主權國家體系同各種破壞挑戰國家主權行為之間的矛盾，構建以合作共贏為核心的新型國際關係同停留在冷戰對抗思維上的舊國際關係實踐之間的矛盾，依然是當前國際秩序建設面臨的主要矛盾。

以聯合國為核心的主權制度是二戰後人類政治文明的重要成果之一，也是當今國際秩序和主權國家體系賴以運行的基石。當今世界發生的各種對抗和不公，不是由於《聯合國憲章》宗旨和原則過時了，而恰恰是由於這些宗旨和原則未能得到有效履行。經過二戰後波瀾壯闊的民族解放運動，世界形成了一個基本定型的相互確認主權的國際體系。然而，在這個國際體系中，一些國家仍在支持和鼓勵他國內部的分裂主義，以公開或隱蔽的方式強行推翻他國合法政權，這無疑是在挑戰和威脅相互確認的主權國家體系。冷戰結束特別是進入二十一世紀以來，新

干涉主義、「民主」輸出、被濫用的「保護責任」等，在一些國家和地區內部製造了混亂和動盪。這些行為都是在挑戰和威脅主權國際秩序，也是當今世界不少國家和地區動盪的重要外因。

主權理論固然需要繼續發展，但這種發展不是為了否定主權制度，而是要更好地維護相互確認的主權國家體系。畢竟，人們至今還沒有發明出更好的足以代替主權的制度來保護國際體系中的弱小國家。歷史上能夠行之久遠的國際秩序，一定是建立在國際體系成員相互尊重主權的基礎上；反之，國際秩序的每一次動盪和混亂，都是從主權制度的破壞肇始的。

構建以合作共贏為核心的新型國際關係，是國際秩序建設的重要內容。但是在現實中，對抗性軍事聯盟、勢力範圍、代理人、保護國等舊國際政治模式仍然擁有一定的市場。我們既要看到並主動引導新型國際關係發展的積極因素，同時又要認識到強權政治、黷武主義、冷戰思維及其產生根源並沒有消失。世界上制約戰爭的綜合力量在增加，但是利用武力干涉乃至動輒以武力手段解決問題的傾向仍然存在。

二、全球治理體系變革深入發展

當前，世界上積聚了越來越多需要各國共同應對的議題，有效的全球治理變得更加迫切。在一個內外聯動的世界中，許多全球性問題的拖延或加劇，同樣會對各國內部產生消極影響。二戰結束後沿襲下來的全球經濟治理體系與發展中國家和發達國家經濟力量對比發生深刻變化愈來愈不相適應，世界向互聯互通發展的內在需求與制約互聯互通瓶頸之間的矛盾越來越明顯，全球治理需要的共商、共建、共享理念與仍然存在的單邊、獨占、排他行為之間的分歧日益激烈，這些都是影響當今全球治理體系變革的主要矛盾，而圍繞制度性話語權的競爭也成為各方參

與全球治理競爭的重要領域。

　　為有效的全球治理建章立制，是當前國際關係中的一個迫切問題。一些反映特定階段力量對比的國際制度，由於缺乏動態調整機制，不能與時俱進，難以反映變化了的國際力量格局。在這類舊的國際制度日趨僵化和改革不力的背景下，各類新興國際制度湧現出來，這是當前全球治理體系變革領域發生的一個積極現象。新興國際制度對全球治理體系產生了關鍵的補充和增益效應。世界上的事情越來越需要各國共同商量著辦，建立新國際制度和國際機制、遵守國際規則成為多數國家的共識。因此，圍繞制度性話語權的競爭也更為激烈。除傳統議題中的規則調整，各國在太空、網路、極地、資料、環境等新領域的規則制定上也在進行著競爭。發達國家在傳統規則制度上積累了歷史優勢，新興國家開始為積極地參與新領域的規則制定。

　　世界的互聯互通進一步釋放出生產力，但是由於近年來經濟全球化成果給不同國家、人群帶來的收益不均衡，導致保護主義抬頭，經濟全球化面臨挑戰。人們在思考，究竟什麼樣的經濟全球化更符合世界上大多數國家及其人民的發展需求？對經濟全球化的內容和方向的探索，需要汲取歷史上的教訓。歷史上，資本主義在世界範圍的擴張加劇而不是縮小了國際政治經濟不平等格局。互聯互通以及經濟全球化所釋放出的生產力及其成果，如何在更多國家及其人民中實現共享，成為全球經濟治理體系變革的中心議題之一。

三、發展與安全是各國共同面臨的議題

　　改革發展穩定是當代世界許多國家在國家治理中面臨的問題。「改革」這個詞曾長期與發展中國家連繫在一起，但在今天，它也擺在發達國家的面前。同樣，發展成為發達國家和發展中國家共同的議程。同

時，分離主義、恐怖主義、極端主義成為世界各國在安全問題上的共同敵人，沒有一個國家可以置身事外。

在一個日益互聯互通的世界中，各國的國家治理體系建設需要放到國際關係層次進行思考和謀劃。幾乎每一個國家的治理體系都面臨對外開放、經濟全球化、外部環境的考驗。在同外部世界互聯互通中增強自身國家治理能力，而不是孤立於外部世界、獨善其身，成為世界上大部分國家治理體系和治理能力現代化面臨的一個問題。

歷史和現實表明，良好的國際秩序離不開良好的國家治理體系。基於對抗和制衡原理而設計的國內制度體系所產生的議會和政府相互否決機制、政黨輪替所產生的外交不確定性等，理論上不利於國際合作，實踐中增加了全球治理的成本，這種現象已經構成全球治理的制度障礙。近年來，不少多邊國際組織通過了很多全球治理議題方案，但大多面臨國內落實難的問題，從而使良好的全球治理方案大打折扣。這方面，中國積極將合理的全球治理議程在國內進行轉化和落實，例如率先在國內落實聯合國可持續發展議程，是全球治理議程積極的推動者和實踐者。

隨著國家治理和全球治理之間事務的疊加，各國政府除了處理國內事務，還要增強應對全球性議題的能力。國際行政能力是一個國家尤其是大國為國際社會提供高品質高水準公共產品和公共服務的一個重要體現。近年來，中國為國際社會提供了不少中國方案、中國規則，這些方案和規則最終需要雙邊和多邊行政合作來落實。這類全球性和地區性議題非常廣泛，諸如環境、核能和平利用、救災減貧、打擊跨國有組織犯罪、反腐、反恐、水利、資訊網路等。為此，大國的國家治理體系和治理能力現代化建設，既要考慮到國內治理能力，又要提高國際上的行動能力。

四、文明交流不斷拓展

　　當今世界人、財、物、智的跨國流動促使文化、制度、發展道路、思想的交流和互鑒異常活躍。國際思想文化領域呈現較明顯的交鋒對立特徵，人們既日益感受到各國及其人民在互聯互通中逐步萌生的人類命運共同體意識，同時也注意到排外主義、極端主義思潮流行所產生的影響和危害。在發展道路和社會制度選擇上，一方面，越來越多的國家獨立探索發展道路和社會制度，在交流互鑒中取長補短，從而極大地促進和豐富了人類政治文明。但另一方面，把某種社會政治制度作為人類政治文明的唯一代表，進而對外輸出和強加於人的現象仍然存在。進入二十一世紀以來，世界思想文化領域的重大變化之一，就是西式自由民主意識形態的衰退。歷史在各種道路、制度、方案的比較和競爭中展現出新的可能和機遇，中國特色社會主義道路和制度在同資本主義的競爭中顯示出經濟和政治上的比較優勢。

　　人類在彼此認知、理解、交往的基本規範和態度上，亟須向更完善的文化交流格局邁進，以促進各國各民族文化在交流互鑒中多元共生、並行不悖。當代國際關係中，為了滿足黨派利益而在政治競選中發表對他國不負責任的極端言論，出於宗教、文化、意識形態偏見而對他國內政指手畫腳，假借國內政治因素在國際舞臺上出爾反爾，政府在信守國際諾言上反復無常，對待國際公認的歷史觀虛與委蛇，在安全政策上口是心非……這些屢見不鮮的負面現象只會敗壞國際政治文化，增加國際關係中的猜忌、懷疑和不信任。世界歷史每進入一個關鍵的轉折關口，都需要一種先進文化、知識和方案的引領。對多元多樣多變世界的理解能力以及將這種理解運用於國際關係構建的能力，是一個國家為世界貢獻可靠方案的知識和能力基礎。

　　一個連擊更加緊密的世界並不意味著是沒有矛盾的，世界是在不斷

解決矛盾中向前發展的。當前國際關係處於一個重要的轉折關口，國際關係究竟是在屈從於舊國際關係中徘徊不前，還是努力在轉化、創造、匯合積極因素中向更高階段邁進？能夠在解答這一重大世界歷史課題的偉大鬥爭中脫穎而出的國家和地區，才能成為未來國際秩序的引領者。

第三節　全球治理體系轉型中的國際制度

一、分類看待全球治理領域的國際制度

　　國際制度是世界各國或者相關國家在涉及共同的政治、安全、經濟、社會議題治理領域所形成的一套原則、規範、規則和機制，這套原則、規範、規則和機制往往通過具體的、正式的職能機構，即國際組織來實施和維護。當今全球治理體系包含了從全球到地區層面的各種國際制度，分類看待全球治理體系中不同國際制度，有助於我們在國際制度改制和建制進程中區別對待、突出重點。當今世界的國際制度大致有以下幾類：

　　第一類涉及國際關係最基本的原則性制度，例如主權制度和平等原則。這是維護國際秩序的底線，如果主權制度被破壞了，國際關係將會陷入混亂之中。就此來說，當今世界出現的不少地區政治動盪問題不是因為主權過時了、沒用了，而是主權和互不干涉內政原則沒有得到很好的遵守。

　　第二類涉及規範性制度，也即構建一個良好國際關係的價值和理念是什麼。國際關係在這方面最大的教訓，就是西方中心論和霸權理論試圖將自己國內的價值觀轉化和上升為所謂的普世價值觀，打著「國際規範」的名義在世界上予以推廣。構建良好的國際關係或者新型國際關係不是說不要國際規範，問題的關鍵是究竟是什麼樣的國際規範，是某一個國家國內規範強行在國際上的推廣，還是各國在共同商量基礎上形成

包容差異和多樣的國際規範。這是當前全球治理和國際制度改制、轉制、建制必須面對的問題。

第三類涉及國際組織中權力有序分配或過渡的規則制度。與國內政治已經形成的較為穩定有序的權力交替制度不同，大部分國際組織在此方面並沒有形成適應國際力量對比變化而進行動態調整的權力交替制度。例如，國際貨幣基金組織和世界銀行，常被人詬病的問題之一就是存在一定程度的權力世襲制，未能體現國際事務管理的民主原則。

第四類是涉及行為規則的制度。此類制度大量體現在經濟合作和行業標準領域，用以協調國家和跨國公司的行為。應該說，這類制度與第二類制度相比，雖然不太涉及價值敏感性，但是往往具有巨大的市場利益，因此同樣是大國競爭的重要領域。一個國家或者其大型公司，一旦將其某一行業產業領域的標準轉化和上升為國際通用標準，則會為其市場份額的擴大帶來極大的助力和效益。

二、當今國際制度改制、轉制進程中的幾個問題

國際秩序的變動往往集中表現在維繫這個秩序運轉的原則、規範、行為、機制所發生的調整和變化上。當前全球治理領域的國際制度改革，其突出問題既出現在上述四類制度領域，同時也涉及國際制度與國內政治關係的基礎理論問題上。

第一，維護以聯合國為核心的主權制度與各種挑戰主權制度的實踐之間的矛盾。經過多年的非殖民化和民族解放運動，世界政區版圖基本定型，奠定了來之不易的以聯合國為核心的相互確認的主權國家體系。在殖民地半殖民地世界中，支持各個民族從殖民地半殖民地體系中解放出來並獨立建國，具有正義性，是世界大義所向。但是，在一個已經定型的相互確認主權的國家體系中，國際社會如果在違背主權國家意志的

情況下，再支持和鼓勵主權國家內部的分裂主義和分離主義，理論上是在挑戰和威脅相互確認的主權制度，其行為已經不具有正義性。冷戰結束以後，聯合國一度在西方國家新干涉主義、「民主」推廣、普世價值、保護的責任等理念的影響下，介入到一些國家的內部政權更替之中，而一些國家則公開支持他國內部反對派，以推翻他國合法政權為目標，這些行為都是在挑戰和威脅以主權國家為核心的國際秩序。當今世界，主權固然存在發展的需要和必要，但是主權制度的發展不是去否定主權制度，而是更好地維護相互確認的主權國家體系。畢竟，人們至今還沒有發明更好的足以用來代替主權的制度，來保護國際體系中的弱小國家。就此而言，國際制度改制和轉制必須遵循主權這一原則性的制度。實際上，那些著迷於推翻他國合法政權、侵害他國主權的國家，在涉及自己主權問題時，從來都是寸土不讓的。

第二，世界範圍出現的政治自覺運動，使越來越多的國家在發展道路和發展模式上擁有更多的自由。它們致力於探索適合自己國情的發展道路。這個進程必然會帶來規範性制度的變革，表現在對既有的人權、民主、秩序等的理解上，出現了各種替代性的解釋和主張，以及在發展、政治制度的看法上，出現新的知識革命的可能。現在越來越多的跡象表明，新的規範性制度建設應該更多聚焦於共同價值的求索上，而不是集中於某一個國家推廣的普世價值上。

第三，一些舊的國際制度改革動力不足，大量新興國際制度開始湧現。不是所有舊的國際制度都需要改革，例如原則性的主權制度就必須予以堅持。然而，一些反映特定階段力量對比的國際組織管理類制度，應當擁有動態的權力調整機制，以適應變化了的國際力量興替格局。在此方面，國際貨幣基金組織和世界銀行改革顯得嚴重滯後於現實。在二〇一四年召開的金磚國家首腦峰會通過的《福塔雷薩宣言》中，金磚國家對國際貨幣基金組織改革方案無法落實集體表達出「失望和嚴重關

切」態度。[1]正因為如此，在這類舊的國際制度出現僵化和改革不力的背景下，各類新興國際制度開始湧現，這是當前全球治理出現深刻變革的前兆，反映了這類舊的國際制度結構開始出現鬆動。新興國際制度有的對原有機制具有一定的替代效應，例如金融危機後在國際經濟治理領域比較活躍的二十國集團；有的完全是新生事物，例如上海合作組織、金磚國家首腦峰會機制；有的是試圖擺脫既有體制另起爐灶，搞排他性集團，例如跨太平洋交易夥伴關係協定（TPP）；有的是對既有國際制度著力不夠、意願不足的領域發揮重要的增量增益效應，例如亞洲基礎設施投資銀行和金磚國家新開發銀行。

第四，「標準是世界的通用語言。」對國際經濟生活以及一國經濟地位具有重要影響的，是國際經濟治理和行業標準領域的規則制度，涉及貿易和投資規則、碳排放交易市場、網路和資料主權、大宗商品定價機制、各類商業指數、貨幣結算體系、信用評級機制、國際排名引導體系、國際輿論評價體系、語言推廣、代級工業標準、各類國際認證體系等等。發達工業化國家在這類規則制度上已經積累了歷史優勢，也是他們在國際經濟領域占有的最優質、最不願意轉讓的核心制度資產，而新興國家在這個領域則相對處於劣勢。這類規則既依靠在技術和市場領域占有優勢，其推廣實施更需要國家的戰略意志。

第五，國際制度和國內政治以及全球治理和國內治理的關係。這不僅僅涉及國際規則和國內規則「兩類規則」的問題，還涉及困擾國際關係和國內政治、全球治理和國內治理如何合作協調這個世界政治難題。當前，越來越多的國家在參與地區和全球治理進程中，碰到了國內治理

1　見2014年金磚國家首腦峰會通過的《福塔雷薩宣言》第18條，原文為「我們對2010年國際貨幣基金組織改革方案無法落實表示失望和嚴重關切，這對IMF合法性、可信度和有效性帶來負面影響。」

〈金磚國家領導人第六次會晤福塔雷薩宣言〉，《人民日報》，2014年7月17日第2版。

與地區或全球治理之間關係的處理問題。歷史和現實的國際政治經驗表明，一個良好的國際秩序，離不開良好的國家治理體系。主權原則維護了最基礎的以主權國家為核心的國際秩序，但是排他性的主權制度往往又會限制國際合作的範圍和規模，這是現有國際秩序轉型升級的一個悖論。同時，不少國家內部議會和政府之間制衡甚至相互否決、政黨輪替產生的外交不確定性等內部制度設計，理論上不利於國際合作，增加了全球治理的成本，已經構成了全球治理的內部制度障礙。這麼說並不是批評或者否定一些國家的內部制度，而是要提醒人們在推進全球治理和地區治理過程中，需要從政治學和國際關係學層面上反思這種現實制度的局限性。這方面，中國的民主制度在解決國內政治和國際關係合作協調方面的有益做法以及對全球治理的意義，似乎還不被人們所重視。

三、中國與全球治理體系轉型中的國際制度

每個國家在世界中都面臨著與國際制度打交道這個問題。好的國際制度是國際社會成員共同擁有的治理資產。中國與世界上規模最小的國家同為國際社會平等的一員，但是中國規模大，具有巨大的吸附能力。例如非洲所有國家加在一起的GDP為二萬億美元，如果去掉南非、埃及等地區大國，四十七個非洲國家只占全球GDP的百分之零點五，相當於中國浙江省的一半。[2]當然反過來，也可以說非洲的發展潛力無限。體量規模大、自成一體的文明、悠久的國家治理經驗、穩健的發展模式、擁有組織地區秩序的獨特傳統等等，這些都是中國參與全球治理

2　劉鴻武：《構建中國的非洲學知識體系》，2015年9月18日在復旦大學國際關係與公共事務學院的演講。

資料來源：http：//www.sirpa.fudan.edu.cn/58/a8/c3694a88232/page.htm。

的內生資源和優勢，也提醒中國在參與全球治理和地區治理進程中，必須牢牢把握獨立自主的戰略，以自己的方式能動性地為全球治理和地區治理貢獻必要的國際制度。這一進程不是簡單的「與國際接軌」或者「接受國際規則倒逼國內改革」這樣的問題。為此，哪些國際制度需要堅持，哪些國際制度需要改革，改革的理念和方向是什麼，哪些國際制度的改革需要放一放，哪些國際制度合理不合法，哪些國際制度合法不合理，哪些中國的治理規則能夠轉化為國際規則，等等。這都是中國參與全球治理需要綜合思考的問題。

第一，中國是主權國際制度的維護者。主權是涉及國際秩序基礎性、原則性的制度，因此，以聯合國為核心的主權國際制度不應該改，也不能改。近年來，不少地區輪番出現不安和動盪，它不是像有的干涉主義理論所宣稱的，是主權原則過時了、當地的政府組織方式落後了，恰恰是主權原則和政府沒有得到應有的尊重的緣故。聯合國在此方面確實有值得反思的地方。中國在聯合國大會和安理會擁有的一票，既不屬於發達國家，也不屬於發展中國家，而是屬於遵守《聯合國憲章》和和平共處五項原則的一票。二〇一一至二〇一四年，中國在聯合國安理會連續四次否決敘利亞問題提案，其動機不在於中國想從敘利亞得到什麼，也不在於敘利亞是個發展中國家，而在於中國獨立自主地站在《聯合國憲章》和和平共處五項原則立場上進行投票。某個發達國家遵守《聯合國憲章》辦事，中國這一票就屬於它，某個發展中國家如果違背《聯合國憲章》，中國這一票並不必然屬於它。

第二，引導國際社會在共同價值理念上形成一些新的國際規範。國際社會是由多種類型國家所組成的，是一個異質性很強的共同體。以一致改變多樣，不符合文明發展的規律，以任何一家的價值觀念要求甚至強求他人，奉行「道不同，互相討伐」，違背和平發展、和平共處、和諧共生的精神。「道不同，不相為謀」的自視清高或者封閉孤立，也非

當今時代各國立足於世界之道。各國道路不一樣，但是都有合作的基本交集，這就需要有「道不同，互相為謀」的氣度。圍繞「共」與「互相」，循著共商、共建、共享、共贏、和諧、共生、共同但有區別、團結等共同性價值理念，才容易構建更為廣泛和包容、也更加契合一個多極世界的規範性國際制度。這也是為什麼多年來中國在推動規範性國際制度改革方面試圖為全球治理規範提供新的選擇可能的原因。

第三，中國與國際組織的關係正在從簡單的參與者向承擔更多責任的管理者角色轉變。中國除了積極參與既有國際組織的機構改革外，同時還單獨或者同他國一起共同成立了一些新興國際組織，扮演著管理者、運營者的角色。國際組織愈來愈成為全球治理的行政支持體系，大國可以借助它推動觀念的擴散、規則的制定、資訊的彙集等。如何學會與他國一起共同有效地管理更多的新老多邊組織，可謂中國外交和公共行政的新課題。

第四，在變化較快的國際經貿和行業標準領域，隨著中國從經貿科技大國向經貿科技強國的發展，要有戰略意識推動中國標準的地區化和國際化。標準的推廣不完全是市場行為，背後更需要國家的戰略支持。目前，中國標準的國際認可度與中國的貿易大國地位遠遠不相稱。據統計，中國主導制定國際標準數量不多，僅占國際標準總數的百分之零點七。[3]在經貿領域，並不是簡單的更高標準和更低標準的爭論問題，而是如何找到適合大多數國家發展的標準才是好標準。在重視「與貿易有關的智慧財產權」規則的同時，更要重視致力於推動「與貿易有關的發展」規則，後者比「與貿易有關的智慧財產權」規則適應的國家範圍要更加廣泛，且其是包容性而不是排他性的，共享屬性比獨占屬性更強。

3　支樹平：〈提升中國標準，促進世界聯通〉，《人民日報》，2015年10月14日，第13版。

中國近年提出的「一帶一路」倡議，涉及許多與周邊國家的互聯互通規則和便利化規則建設，以大大促進亞歐大陸政治經濟社會的流動性。這些都是中國在地區治理規則建設上可以大有作為的領域。

第五，關於參與全球治理進程中「兩類規則」的處理。將自身的利益和主張同更多國家結合起來，進而轉化為大家共同的利益和主張，並借助國際制度鞏固下來，是大國進行制度供給較為普遍的做法。正如前文所說，在「兩類規則」關係上，中國現在面臨的不是簡單的、單向的「與國際接軌」或者「接受國際規則倒逼國內改革」這樣的問題，而是需要將「兩類規則」統籌起來對待。就「兩類規則」而言，核心是處理好國內法律法規和國際法律法規之間的關係。兩者的關係既包括將國際上通用的規則經過轉化變成國內法律法規體系的一部分，更要重視積極主動地將中國規則通過多邊組織轉化為國際規則的一部分；既包括積極參與國際規則的立改廢釋工作，更要重視在推動國際關係民主化進程中，探索構建中國特色的國際法理論和實踐體系；既要在涉外交易處理中與通行的國際法律法規體系保持一定的銜接，更要牢牢堅持國內法治體系的獨立性；既要重視參與一些具有廣泛代表性和合法性的國際法院系統，更要重視積極探索建立亞洲地區性法院系統的可能性和必要性。一個完整的中國法系既包括國內法律法治體系，也應當包括在推進國際事務民主治理和國際秩序建設中所形成的更多具有中國式理解的國際法律法治體系，從而更為有效地通過新興國際法律規則的制定將中國同世界共同的和平發展成果固定下來。

第四節　為全球性問題提供治理方案

　　全球治理是政府、社會組織和企業等共同合作，通過訂立各類國際制度，在國際社會對主權國家管轄權以外的全球性問題形成有效管理，最終使國際社會接近秩序的過程。在當今國際社會，日益增加的全球性問題處於一個缺少管轄機構的政治市場中，以民族國家領土為界限所設計的國內制度，將注意力集中在國內問題的治理上，不僅忽視全球性問題治理的意義，有時候，國內制度的設計還助長了國家將國內問題的成本轉移到國際政治中。自十九世紀以來，一些國家和非國家行為體意識到，需要建立國際制度管理這些處於主權國家管轄權之外的共同問題，以避免這類問題因治理不足而威脅到國際秩序和國內秩序，由此促使國際制度在國際關係中的地位日益上升，制度建設因此成為全球治理演進的核心。

一、內外政治互動的三種方式

　　全球性問題的治理不足，與國內政治和國際政治嚴重分離的事實（以下簡稱內外政治的分離）有關。當今國際社會，各國在內外政治之間的關係上還未形成統一的共識。在兩者之間的關係上，基本上存在三種認識和實踐。

　　第一種認識是內外政治的一元論，即要麼認為國內政治從屬於國際政治，要麼認為國際政治從屬於國內政治。對於大部分國家特別是霸權國家來說，占支配地位的思維是認為國際政治要從屬國內政治，也就是

當兩者發生衝突時，對內政的考慮會壓倒性地重於對國際事務的考慮，進而言之，擁有強大能力的國家，甚至傾向於將內政模式推及和應用到全球治理領域。一元論的外交結果是較少考慮國際社會的整體利益或他國的利益，在政策制定上傾向於以自我利益為中心。一元論的另外一種表現是國內政治服從國際政治，內政的調整不是在所有情況下，但至少在大多數情況下，受制於國際政治。那些處於世界體系邊緣和周邊的中小國家，或者處於全球相互依賴極不對稱狀態下的國家，往往不得不選擇這種途徑。

第二種認識是內外政治的二元論，即認為國內政治和國際政治本質上處於兩個不同的且平行的領域。在國內政治中，存在強烈的等級治理結構，可以形成自上而下的治理結構安排，而在國際政治領域，因為沒有世界政府，國際安全治理服從均勢的自我調節機制，其他全球性問題治理只能依賴國家的善心和自覺。有的時候，內外政治還會處於衝突狀態下。民族國家制度強化了內外政治對立的現狀。在傳統政治學教科書中，政府在保護固定領土上居民的安全和福利上，職能定義得很明確很清晰，但是，對政府行為可能在國際上產生負面效應的約束上，定義則很模糊。這就造成政府對內責任與對外責任出現不平衡。在代議制民主國家，由於政府更受制於國內選區利益，此種情況往往尤甚。毫無疑問，在內外政治的二元論思維支配下，國家會把重點投在國內治理上，至於全球治理，因為與國內治理無多大干係而被嚴重忽視。

第三種認識是內外政治二元協調論，二元協調思維不將內外政治分離、分割開來，相反，卻從兩種政治合作統籌的角度，重視內外政治的對話協商，追求國內責任和國際責任的平衡，探尋國內問題和全球問題的綜合治理觀。內外政治二元協調的整體思維是對傳統主權觀念的發展和突破，它並不否定主權制度在現代國際秩序中的基礎性意義，也不將全球問題治理理想化地寄託在世界政府或霸權國家上。這種思維支配下

的政治實踐，對彌合既有國內政治和世界政治的分離，以及探索內外政治整合的政治理論，具有新的意義。

顯然，各國內外政策在不同程度上均受到上述三種思維的支配，即便同樣一個國家，在不同的議題領域，往往也會被相異的內外政治思維所左右。內外政治的一元論和二元論都不利於全球性問題的治理。一元論容易犯的錯誤，是在觀念上希冀以特定國內政治模式指導全球治理，在行動方式上以單邊行為取代集體協商，在治理結構上以霸權結構代替民主結構。在全球治理模式中，內外政治一元論的治理形態可以在人類最古老的大地域政治形態——「帝國」和「霸權國家」中——找到對應。二元論是大多數國家在全球治理上的支配思維，這並不是各國願意服從這個邏輯，在很大程度上，它是傳統的主權國家制度安排的自然結果。良好的全球治理，需要建立在內外政治合作的基礎上。本書從這個前提出發，探討中國與全球治理關係的獨特性意義。

二、中國參與全球治理的進程

一般來說，人們習慣從時間、事件、領域來概括中國參與全球治理的進程。流行的分類是以時間為尺規，比如，在過去的四十年中，改革開放、社會主義市場經濟提法的出現、中國加入世界貿易組織、二〇〇八年金融危機以來中國在國際體系中積極的建制努力等等，都可作為中國與全球治理關係中的重大事件。也有學者是從中國參與國際制度類型來看這一進程的，中國參與了從高政治到低政治，從傳統安全到非傳統安全，從經濟環保到軍控人權，從正式到非正式的幾乎絕大部分國際制度。此外，還有學者從政企關係、部門關係、國家—社會關係和中央—地方關係角度，考察中國參與全球治理的進程。

時間、事件、領域只是中國參與全球治理的表現形式，如果換個視

角，比如從上述內外政治協調論的視角出發，或許更有助於了解中國參與全球治理進程的獨特性。在以上三種內外政治分析取向中，出現這樣幾種觀點，值得參考：

第一，一種觀點認為參與全球治理的進程就是中國對國際制度很好的學習過程，反映了中國在國際體系中的社會化。比如，一些國際制度（如環保規範、菸草控制等）在中國的接受和內化，體現了學習的過程效應，當然，學習的過程可能是一個曲線，但學習的指向是總體線型向上的。這種觀點具有比較廣泛的影響，它在特定範圍、特定議題領域、特定的「學習」階段確實具有一定解釋作用，但它不是沒有缺陷的，比如，它過於強調國際制度對中國國內治理的單向指導作用。在該分析條件下，中國是作為受動方被分析，中國的能動性和創造性則被大大忽視。實際上，中國作為一個超大規模國家，其深層意識結構中所包含的主體性資源，使中國在面對國際制度和規範時，同其他發展中國家或轉型國家不同的是，中國並不是不加選擇地接受和學習的。換句話說，中國會根據自己的判斷，接受那些反映人類進步政治文明的國際制度，擱置某個階段暫不適合中國的國際制度，反對不合理的國際制度。因此，學習過程並不是被動接受的學習過程，而是對學習的內容和進程具有主動選擇的特點。更進一步說，或許最不該忽視的，是中國對有些國際制度扮演了能動性的改造作用，況且，中國在國際制度建制上也非常積極。因此，國際制度確實在中國產生內化效應，但是與內化相對的一面，即中國在國際制度改制、轉制和建制中的能動性、創造性工作，卻被忽視了。

第二，與內外政治一元論有關的第二種觀點，是認為隨著中國的崛起，中國會將國內政治經濟中的成功模式推廣到地區和全球治理中，如同美國在過去近一個世紀經營國際秩序時所努力做的一樣。即便從保守的角度看，中國憑藉本身的規模和體量，一旦融入國際體系中，也會對

國際體系既有的制度和規範形成衝擊，迫使有些國際制度改革方向按照中國的方式來進行，也不是沒有可能。從世界歷史中大國興衰的規律看，當一個國家的物質力量迅速崛起的時候，該國的世界意志和世界意識會隨之勃興，物質力量的成功會造成該國對其成功的國內制度的自信，且很容易產生強烈的衝動，將國內制度移植到世界政治中。假如這種思維支配中國對全球治理的參與，中國則可能走向對外輸出制度的擴張道路，甚至有人會認為，東亞國際體系和治理會按照過去中國的朝貢體制模式來塑造。

第三，從二元論來看，中國對全球治理並不感興趣，因為中國會嚴格地將國內政治和國際政治區別開來，或者說，內外政治處於嚴格的分割狀態，甚至是衝突狀態。按照這種思維，是不存在中國參與全球治理進程的：首先，中國的議程興趣集中在國內而不是國際，在很長一段時間，中國主要還是一個內向型的國家，在國家建設沒有充分完善前，中國不會大規模地主動介入到全球治理中。因此，中國只要把國內問題解決好，就是對全球治理的最大貢獻；其次，中國對全球性問題並不持積極參與的態度，中國只會從自己利益角度出發，最低限度地參與全球治理，甚至中國對待國際制度的態度也是矛盾的，擔心更深地參與國際制度會束縛住中國自主的行為；再次，中國國內民族主義會抵制中國對國際制度的參與和接受；最後，比較極端的看法認為，中國的社會主義制度與發達國家主導的國際體系中的資本主義意識形態是不可調和的。長期來看，兩者間不存在合作的可能性，甚至會產生衝突。

以上三種邏輯都無助於很好地理解中國參與全球治理中的進程。在中國參與的特定全球治理議題，或者中國參與全球治理的某個特定階段上，有些邏輯是有解釋力的，但整體而言，這些看法似乎都不能令人滿意。實際上，中國在學習過程中不丟失自主性，在崛起過程中不尋求對外擴張。至於二元論的觀點，與中國在全球治理中扮演積極、活躍的角

色的事實相比，顯然存在很大差距。本書提出的假設是，內外政治二元協調是解釋中國參與全球治理進程的重要因素。

將中國的內外政治互動定義為二元協調，並認為它是中國參與全球治理進程的獨特性所在，是個需要進一步發展的假設。畢竟，在這個問題上，傳統的政治學及中國政治研究還缺少完整的理論體系以資參考。筆者初步從三個維度對這個假設做說明。第一，從觀念上看，中國對自己在國際社會中屬性的定義，既有強調特殊性的一面，比如共產黨領導、社會主義制度、中國特色社會主義道路，但在改革開放的基本國策下，中國也特別強調與國際社會共性的一面，尊重國際慣例，重視在全球化和相互依存狀態下，接受那些反映人類政治的進步要求、為絕大部分國家普遍接受的觀念，例如，多邊主義、互信互惠、國際關係民主化、國際經濟新秩序、共同安全、共同發展、包容利益等。因此，國家本位意識與世界本位意識在中國不是對立和衝突的，而是相互補充與融合的。第二，在制度上，國際制度與國內制度相互調適而不是相互抵觸。中國能夠將合理國際制度在國內通過立法和政策進行內化，例如，在立法精神上，當國內法與國際法出現抵觸時，中國一般採取國際法優於國內法的原則，適用國際條約的規定，但中國聲明保留的條款除外；在國內法與國際法關係上，中國更傾向於兩者的連擊和補充，而不是對立和抵觸。在國內諸多公共政策制定上，中國有鮮明的政策傳統，即在不違背國家核心利益的前提下，參考、借鑑國際組織和國際社會比較普遍的合理做法。例如，近些年中國在環境保護和千年發展議程領域，國內公共政策與國際公共政策就保持高度的聯動。第三，在利益認知上，中國不完全以自我利益為中心定義其利益，而是更多地將本國人民利益與各國人民利益以及人類共同利益連擊起來判斷利益。隨著中國社會多元化的發展，利益群體出現分化的趨勢，分化的利益在代議制民主國家常常轉化為對外政策訴求，從而出現局部利益損害國內大多數人整體利

益或者國際社會共同利益的現象，這種現象在代議制民主國家是比較普遍存在的，此利益機制是導致代議制民主國家國際專制行為原因之一。不過，這種現象在中國卻較少出現，原因是中國的政黨制度和人民代表大會制度，這些制度的功能之一是匯聚廣泛的利益共識，減少局部利益、個別利益凌駕於國家整體利益之上的可能性。

內外政治的二元協調是全球性問題得以解決的重要途徑，也是中國處理全球性問題與眾不同的視角。雖然在局部的議題上，我們也會發現中國對全球性問題的處理類似一元思維或者二元思維。但是，就連貫性和整體性而言，內外政治的二元協調更能刻畫中國參與全球治理的進程邏輯。

三、中國在全球治理中的作為

一旦轉換了視角和思路，我們就更容易理解中國在全球治理中的行為。如果從內外政治二元協調的角度出發，就能比較清晰地判定中國在全球治理中的角色和行為。需要回答的問題核心是：在全球治理中中國是否持合作的態度？

認為中國不會或者難以合作的觀點主要是：第一，中國在全球治理中的行為是自我利益導向的，對中國有利，中國就參與，對中國不利，中國就回避；第二，隨著中國實力的上升，中國尋求主導全球治理的結構和進程，即其行為是以取得霸權的邏輯為支配的，這使得中國的行為會與其他國家產生衝突；第三，至少在西方人眼中，中國不是個民主國家，國內缺少制衡機制，對外行為乃至在全球治理中的行為是不確定的；第四，中國國內法治的薄弱削弱了中國在全球治理中的承諾效果。

這些觀點仍然主要基於一元論或者二元論而得出。從內外政治二元協調的整體思維出發，筆者試圖初步提出與這些觀點不同的替代概念，

用以解釋中國在全球治理中的行為。

第一，中國的行為是自我利益最大化導向還是合作最大化導向？

利益最大化被廣泛用來解釋個人和組織的行為，這個假設在社會科學中遭到越來越多的批評。在一個你死我活的生存狀態中，這個假設是有解釋力的；但是在一個「你活我也活」的世界裡，這個假設的效應會大打折扣。在相互依賴的強互惠關係狀態下，合作最大化要比利益最大化邏輯更有解釋能力，此行為對社會秩序維繫來說也更有必要。行為若以利益最大化為指導，必然導致衝突；以合作最大化為起點，則可以在整體而非個體基礎上，對包括利益在內的更大範圍議題上，促進行為體和平共處、和諧發展。從利益最大化到合作最大化是國際社會亟須轉變的生存哲學。如前文所述，在全球性問題的政策宣示和實踐上，中國強調把本國的安全考慮與別國的安全關切結合起來，重視將本國的發展與其他國家的發展連擊起來，著重將本國人民利益與各國人民利益和全人類共同利益統籌起來。因此，這裡是否可以認為，是合作最大化而不是利益最大化更能表達中國在全球治理中的行為動機。

第二，中國的行為是不受限制的還是有約束的？

先驗地以西方民主標準來衡量中國的社會主義民主品質，往往會因為不當的類比而影響人們的判斷；而假設採納現行的西方民主制度能夠促使中國在全球治理中更為合作，在邏輯上反倒存在很大的缺陷。從西方選舉民主的內在邏輯來看，選舉民主不是反映民意和產生代表較廣泛民意且又相對保護少數人權利的公共政策的好方法，一些政治經濟學研究已經對這一觀點做出解釋。例如，西方國家在幾百年歷史中頻繁地對外戰爭、轉嫁經濟危機和社會矛盾這類不合作行為，是與其內部制度有極大關聯的。選舉民主無法制約國家對外強制行為，反而更容易使一國不負責任地將內部壓力轉移到不受民意關切的國際政治市場中。因此，按此邏輯，假如中國的國內制度真的轉為西方的民主制度，國家權力為

資本而不是由人民所控制的話，以中國的崛起速度，中國更可能成為尋求對外擴張和霸權的一個國家，為了一個大公司的利益就可能大打出手，那樣，中國的和平發展道路就失去了國內的制度保障。實際上，撇開中國內部政治制度的自我約束，以及參與國際制度給中國帶來的外部約束因素不說，內外政治合作性互動的增加，使中國更易於從整體而非狹隘角度判斷是非、曲直與利害，行為更為節制而不是擴張。

第三，中國的行為是違背承諾還是更有力地遵守全球治理的承諾？

關於「中國在全球治理中是個不守規則的國家」的判斷，最被廣泛引用的推理就是：只有那些國內擁有良好法治狀態的國家，才可能在全球治理中恪守承諾，反之亦然。如果對這個判斷不深作追究，會很容易接受這個乍看很有道理的結論。本書提出一個替代的假設就是：一個國家在全球治理中是否遵守合理國際制度，決定性的因素是這個國家的內外政治是否協調合作。只有在內外政治協調的前提下，一個國家才更可能在全球治理中恪守承諾。這個假設看上去有些因果自我循環，不過，如果回到內外政治互動的一元論和二元論上，這個假設就清楚了。按照前面論及的一元論和二元論，設想一個法制很健全、法治化程度很高的國家，只要它的內外政治互動受到一元或者二元論的支配，它完全可以以國內法優先的原則不理會國際制度的約束，或者凌駕在國際制度之上，或者以兩個獨立而且衝突的法域為理由，拒絕接受國際制度的約束。所以，內外政治的不合作甚至衝突，才是一國是否在全球治理中有效兌現其承諾的要害所在。中國的社會主義法制體系建設處於不斷完善的進程中，法治化程度在逐步提高，而中國與國際制度合作性的互動本身，也極大促進了中國的法制建設和法治化程度，並由此進一步支持了中國對國際承諾的遵守。但最關鍵的還是中國始終從內外政治二元協調角度看待中國與世界的關係，內外政治的良性協調互動，保證了在全球治理中中國擁有更強的信度，遵守和執行所做出的國際承諾。在現實

中，中國在全球治理的履約問題上，也是最恪守承諾的國家之一。當然，這並不是說中國在國內政治中，最有力地執行，或者最快地遵守了所有的國際承諾。比如，在最近的《世界衛生組織菸草控制框架公約》的國內執行上，中國實際上招致了一些國內外批評。

總的來說，內外政治的二元協調容易匯聚國內國際共識，使一國在全球治理中的行為具有更明確的預期性和確定性，減少了國際制度的執行成本，有助於提高全球治理的效率。

四、中國參與全球治理的結構塑造

全球治理是一種組織結構。公司的組織結構是要保證獲得利潤，國家的組織結構是要確保安全、福利和秩序，全球治理的組織結構是要有利於全球問題得到較好治理。雖然非國家行為體在全球治理網路中的作用不可忽視，但在很長時間內主權國家仍將是全球治理中能量最大、資源汲取能力最強、行動最堅決，以及最能給予全球治理以支持的行為體。因此，探討全球治理結構，不能脫離和超越主權國家。在當代世界政治中，從國家本位出發，有兩種全球治理結構為人熟知，一種是帝國形態的全球治理結構，另外一種是發展中的歐盟超國家地區治理結構。兩種治理結構的共同點，均在於形成自上而下的、類似國內治理結構那樣的等級治理結構。兩者不同之處在於，超國家治理結構通過同質國家合併完成等級制建設，說國家是同質的，是指那些擁有相近政治制度、法律體系、社會文化的國家，反之亦然。帝國治理結構則是由一個霸權國家通過軍事聯盟體系和金融貿易制度，在同質甚至異質國家之間確立自上而下的等級治理結構。超國家治理結構類似單一制或者聯邦制國家結構在國際範圍的放大，霸權的帝國形態的治理結構，是在霸權國家與附屬國之間形成中心與周邊的關係。

本書暫時還很難用一個準確的詞語概括中國的全球治理結構特徵。不過，至少有兩個剛性限制條件，使中國在全球治理結構的選擇上不大可能走歐盟超國家或者美國的帝國治理結構途徑。這兩個限制條件是：其一，假設像歐盟那樣以同質國家為基礎形成等級治理結構，那麼在國內制度上，中國的社會主義制度與大多數國家不具有相似的條件；其二，中國憲法和政治制度的內在約束，使中國不可能在國際關係中選擇走霸權道路。這兩個限制條件都是剛性的，它們決定了中國的全球治理結構既不會走國家合併的歐盟道路，也不會選擇以霸權方式確立中心一周邊結構的美國道路。另外，比起一元論和二元論，中國內外政治二元協調的模式也最不可能在全球治理中追求自上而下的等級制結構。

　　中國在國際制度改革上的一些主張，對全球治理結構的塑造倒會產生引導性作用。如果全球治理結構通過其全球性問題的治理品質來衡量的話，那麼它至少應該體現平衡性、代表性和有效性的原則。在國際經濟新秩序上，中國主張建立公平、公正、包容、有序的新秩序；在國際環境治理中，中國堅持共同但有區別的原則；在安理會改革上，贊成建立一個更加民主、公平、透明、有效和問責的安理會；在國際貨幣基金改革上，中國敦促基金組織增加發展中國家代表權，促進國際貨幣體系多元化、合理化；在世界銀行改革上，中國呼籲推動發言權和代表性改革；在世界貿易組織改革上，中國強調要能維持開放的自由貿易；在二十國集團建制上，中國關注峰會機制的有效性。總的來看，在有效的全球治理結構塑造上，中國主張治理結構要反映國際政治的多極化、世界經濟的全球化、國際關係的民主化、世界文明的多樣性的趨勢和特點，強調公平、包容、有效、問責和能力為治理結構改革的核心。

　　從參與國際制度的深度來看，中國是當今幾乎所有國際制度的成員國，但是中國不簡單是國際制度的參與者。在國際制度中，中國還承擔著重要的管理者和建設者的角色，中國是聯合國安理會常任理事國，國

際貨幣基金組織的第三大投票權國家，世界銀行和亞洲開發銀行的第三大股東國，聯合國安理會常任理事國派駐維和部隊人數最多、軍事貢獻最大的國家。同時，中國是冷戰結束後一些地區性新興國際制度的宣導者和建設者，這些新興國際制度如上海合作組織、中國—東盟自由貿易區、中阿合作論壇、中非合作論壇、六方會談機制、清邁倡議多邊化貨幣互換協議、金磚五國首腦峰會等。另外，尤其值得注意的是，在沿邊地帶，還存在許多中國與鄰國共建的小區域或次區域合作機制。這些新興國際制度有的完成了組織化、正式化建設，更多則仍處於非正式化階段。

中國內外政治協調的模式對於我們思考全球治理結構轉型的最大啟示，或許在於其通過內外政治合作的方式，以及相應的制度保障機制，最大限度降低國內公共政策在國際範圍內的負效應。實際上，從內外政治角度觀察，當前全球治理結構的一個最致命制度漏洞，或者許多全球性問題不能根治的根本，在於缺乏一個溝通國內制度與國際制度的機構，使主權國家的公共政策能夠在國內層面得到自動約束，避免和降低國內公共政策的域外負效應。這是全球治理結構和各國國內治理結構幾乎不願觸及的問題。在美國主導的第二次世界大戰後的霸權治理結構下，一方面，其設計的國際制度缺乏約束美國行為的他律機制，另一方面，其國內制度並不存在評估其國內公共政策的域外效應，並以此進行自我約束的自律機制。布雷頓森林體系後的國際金融體系，危害的根源正在於此。要堵住這個制度漏洞，構建真正良好的全球治理秩序，自律的約束機制必須嵌入到國際制度改革及各國內部制度改革中，而這首先需要各國在認識上逐步摒棄內外政治的一元論和二元論思維。

五、共有知識生產對全球治理的意義

　　內外政治的二元協調顯示中國參與全球治理的進程、行為和結構的獨特性。然而，這種獨特經驗需要借助智力的創造和提升，以將中國的全球治理實踐轉化為更大群體範圍所分享的共有知識。只有通過這種轉化，才有利於將中國與其他國家共同擁有的好的治理經驗鞏固和傳承下去。

　　共有知識是行為體之間就某個事實形成共同理解的知識，它幫助行為體形成共識，保證行為體採取自發集體行動。共有知識比普世價值對促進國際社會合作最大化的行為更必要。在群體和組織內部，共有知識是認同的紐帶，在不同組織之間，共有知識是組織間對話、合作、一致行動的重要文化資源。一國在內外政治二元分割、對立甚至對抗的基礎上，是不大可能將自己的政治實踐轉化為更大範圍內的共有知識的。一方面，它的知識可能以局限在狹窄地域的地方知識的形態表現出來；另一方面，由於缺少或者拒絕與外部世界的合作性交往，它的知識以封閉、鬥爭、對抗的形式反映出來。不過，在當今世界，對全球治理危害甚大的是一元論下的霸權知識體系，大凡利用普世價值觀或者國內政治模式去改造世界政治的，其政治實踐的經驗，大多通過在我們和他們、文明與野蠻、先進與落後、挑戰與反應、解釋者與被解釋者、征服與殖民、傲慢與偏見這些主題下，完成一整套霸權知識體系的構建。

　　有效的經驗、概念化過程、組織化推廣，是一個國家能夠為全球治理貢獻知識類公共產品的過程。一方面，全球治理的共有知識來自內外政治合作的實踐，一國的內外政治，以及國與國之間實踐越能在平等、互信、對話、溝通、互惠、存異基礎上展開，其互動經驗越可能被提升和轉化為各方接受的共有知識，成為凝聚全球治理共識的資源；另一方面，共有知識也可能來源於一國本土的實踐，這些實踐通過智力創造和

文化交流，同樣可以成為更大範圍人群共同擁有的知識。例如，在發展和國內治理上，新中國積累了許多經驗。比如，中國國內發展中的對口援助模式；中國在經濟落後情況下如何在農村完成公共衛生體系的覆蓋；中國的社會救助救濟方式；中國打破社會科學不可試驗的流行看法，在發展中通過試點試驗糾正錯誤積累經驗再推廣的模式；過程民主是如何提高了中國公共政策決策的科學性；中國的基礎設施改善經驗；中國降低文盲率的途徑；中國改革中的雙軌制改進經驗等等。

好的經驗需要上升到理論，如果這些經驗不通過學者上升為可以寫進教材的概念化知識，並通過組織化行為推廣，它們就是分散的、孤立的，而且隨著代際進程，很容易在記憶中散失，缺少被推廣、被借鑑、被學習的可能。更有甚者，一旦某些經驗在其他國家也存在，並被學者上升為概念化知識在國際上得以推廣，自己就失去了此經驗的知識專利權。我們現在社會科學中的許多概念來自國外，不完全是中國缺少創造能力，很重要的原因之一是因為我們在現代化起步上晚於西方，我們沒有經歷過某些發展階段，自然就沒有提煉概念的社會實踐素材。但是，中國和平發展的現代化道路與西方是不同的，其自身積累了許多獨特有效的經驗，超出了西方現代化知識的解釋範疇，因而需要智力和努力，從實踐到理論，上升為概念化知識，再在文化交流中轉化為人類共有知識。從某種意義上講，國家的軟實力就是如此一步一步積累起來的。

中國公共衛生學之父陳志潛教授於二十世紀三〇年代在河北定縣進行了鄉村公共衛生體系建設，其基本做法後被概括為農村公共衛生體系的「定縣模式」。一九五八年到二十世紀六〇年代末，在缺乏人力財力基礎上，中國農村能夠建立起廣泛的衛生保健體系，陳志潛的貢獻功不可沒，其模式還被世界衛生組織和聯合國兒童基金會認為不僅適宜中

國，而且適宜推廣於廣大第三世界國家。[4]可見，經驗無處不在，但要通過智力創造，將其概括為廣泛接受的概念並成為專利，才具有促進本土知識向共有知識轉化的可能。

世界政治在二十一世紀的迫切任務之一，是看誰能為全球性問題提供有效的治理方案。全球性問題在議題間的重疊性，與國內問題之間的聯動性，以及在時間上的連續性，使政治家和學者們不能仍然立足於國內政治與國際政治的分割，因為那樣很難找到有效的解決方案。好的解決方案需要認識上的突破。但是，長期以來，世界政治理論或者國際關係理論的建構，要麼是在內外政治分離或者對立的前提下完成的，這導致國內政治理論與國際政治理論的分流而不是合流；要麼是在一元論的背景下進行的，這導致世界政治理論成為國家理論的翻版。它們都不利於突破學科和國家的邊界，整體地思考世界政治理論的建設。

由於內外政治分離而產生的大量置於各國管轄權以外的全球性問題，不僅是二十一世紀國際政治，同時也是各國國內治理面臨的共同問題。全球治理呼喚新的全球合作形式。本節剖析了內外政治互動的三種方式，並在內外政治二元協調的框架下理解中國在全球治理中的進程、行為、結構和知識。內外政治二元協調是中國參與全球治理，乃至中國對外關係中的獨特模式。這個概括不是絕對的，也可以找到反例，挑戰這個假設。但是從行為的連貫性、事實的關聯性和結構的整體性上，這個假設至少可以視為有效解釋中國和平發展道路的邏輯之一。

4　陳志潛（1903-2000），中國農村醫學「定縣模式」的探索者和創立者，中國社區醫學的創始人和奠基人，基層衛生保健事業的先驅，中國公共衛生學之父。二十世紀三〇年代，他進行了拓荒式的鄉村衛生醫療實踐，以「注重現實，強調國情」的實踐醫學，在河北定縣進行公共衛生體系建設，其農村公共衛生體系建設經驗被稱為「定縣模式」。他撰寫的《中國農村的醫學：我的回憶錄》一書由美國加州大學出版社出版，由中華醫學會推薦給發展中國家做參考。

第五節　以新標準研究中國制度

有關中國道路、中國模式的研究是近年來備受關注的話題。根本原因在於，中國超越了所謂西方特色政治學理論的假設，為人類探索更好的社會制度提供了中國方案。但有一點需要說明，當我們講制度自信，不是因為國家強大了才有制度自信，而是因為一直懷有探索更好社會制度的信念和自信才有了國家強大。

國內外不少學者都預言說，只要繼續保持穩定增長局面，不遠的將來，中國就會成為世界第一大經濟體。要知道，人類近代以來的歷史還從來沒有一個社會主義國家經濟總量躍居世界第一。與之相應，從現在到未來，關於社會主義中國制度體系的研究、傳播，將成為國際學術界一個重要的前沿研究議程。但我們為此做好心理和理論準備了嗎？

一、用別人標準套自己只會淪為配角

目前，有關中國制度體系的觀察乃至理論化研究工作還存在一種現象，即仍用西方政治學概念和理論，對中國的政治和外交發展進行敘事。例如使用西方特色競爭性政黨理論、制衡對抗和權力分立、威權、財政聯邦主義、國家—社會對立的二元觀、票決、霸權色彩的大國外交理論等等，理解和解釋中國的制度體系和政治外交發展。

這些解釋表面上看蠻符合西方的學術標準，似乎擁有了「國際」學術對話能力。但實際上，一來很多西方學術概念和理論帶有意識形態色彩，硬套中國的話往往會同中國制度精神和原理發生衝突；二來這些概念和理論總有裁減中國制度體系之嫌，無法真正解釋中國；三來從追求

學術獨立的角度講，一個國家特別是大國，如果一味地追求把自身政治實踐經驗當作別人概念和理論的一個案例，將很難形成自己的政治學知識體系，因此形成的成果，也只能成為別人知識體系的一部分。

因此，觀察和研究中國制度體系，首要的理論工作在於立自己的標而不是對別人的標。這個認識問題不解決，被別人的標準牽著鼻子走，最後形成的政治學知識不僅會成為別人知識體系的配角，還可能對自己的政治發展實踐起到誤導作用。世界上不少國家在這方面已經留下政治教訓。

一個比較典型也容易讓人理解的例子常被提到，那就是在西方對抗式制度體系中，制衡是其制度體系運行的一個原理，而在中國協商合作的制度體系中，監督是我們制度體系運行的一個原理。因此，我們政治學的著力點，是要探索研究中國制度體系中如何發展和完善監督體系，而不能總是被動地用西方特色對抗式制度體系中的制衡學說，來理解和指導我們的制度建設。

再如，黨建理論是中國政治學理論體系中的重要組成部分，西方特色的政治學理論中沒有黨建。那是不是我們的政治學理論為了對標，就得捨棄或淡化黨建理論了呢？

又如，在對外關係上，用一體化理論不但解釋不了中國提出的「一帶一路」倡議，反而更容易引起中小國家的疑惑。倒是「一帶一路」建設的實踐過程，更多地體現了中國和世界都能理解和接受的互聯互通理論。把互聯互通理論講清楚了，就可能成為中國特色大國外交在區域合作問題上超越西方特色區域合作國際關係理論的一個方面。

所以，立自己學術和政治的標，而不是接別人學術和政治的標，是理解、研究、傳播中國制度體系知識的前提。從這個意義上講，雖然我們說中國為人類探索更好的社會制度提供了中國方案，但如果只是對了別人的標，那還不是中國制度方案，而只是別人制度理論或制度方案在

中國的本土化而已。只有立了中國的標，形成的東西才能說是具有原創性的自己的制度方案。

二、將「中國特殊」轉化為「世界一般」

理解、研究、傳播中國制度體系知識，不是要否定別人探索的政治知識，也不是要對外搞制度輸出，而是要建立我們對自己制度的認識，確立我們制度體系在人類政治文明中的獨特地位。現在，不少歐美國家以及一些模仿歐美制度的發展中國家都在國家治理方面碰到了各種問題，原因之一在於這種制度體系內在的對抗式安排。這對中國政治學知識形成了某種反證：按照中國制度體系標準來看，對抗式制度體系不符合國家治理常識和人類政治文明發展前進的方向。

就政治學知識國際對話而言，中國學界當尊重別國基於自身歷史和國情選擇的政治發展道路，不能形成某些國家那樣的學術風氣，動輒以自己的政治學知識標準來否定別國政治。但中國制度體系內在的中國政治學知識，又並非只有特殊。在不裁減或硬套別人的前提下，用源自中國制度實踐的標識性概念和理論去理解別國和世界政治發展，就是中國政治學和國際關係理論知識從特殊走向一般的轉化過程。首先尊重別人，在此前提下用自己成熟的概念和理論去研究別人，這是傳播理論的一個有效辦法。

現在的國際知識生產格局正發生變動，出現轉移尤其是東移的趨勢。社會科學中過去引進來的很多被認為是主流的理論，現在不再是主流了。在對人類新政治文明和制度方案的探索上，中外知識界實際上處於同一個起跑線上。在這種背景下，對於目前國內「雙一流」建設中的學科建設，具體到政治學、公共管理和國際關係學科的建設而言，哪個學科最先能將中國政治發展、制度體系、國家治理、全球治理實踐經驗

予以理論化、體系化，並在國際上將「中國特殊」轉化為「世界一般」，它就很可能成為世界一流學科。

第六節　對話世界政黨　共建良政善治

北京曾舉行的中國共產黨與世界政黨高層對話會，為各國政黨交流治黨治國經驗搭建了一個平臺。大會主題是「構建人類命運共同體、共同建設美好世界：政黨的責任」，各國主要政黨代表聚會在中國，共商共議人類命運共同體和美好世界。僅此來說，它的意義在世界政黨史上也屬少見。

對話會為人們思考政黨政治文明的發展方向提供了新的視角。近代意義上的政黨是在西方對抗性政治文化背景下形成的，它同議會一起成為西方特色制度體系的重要組成部分。英文政黨「party」一詞把「y」去掉就是「部分」（part）的意思，代表不同群體、階層乃至利益集團的政黨，為了獲得議會席位或執政地位，經常陷入「部分反對部分」的競爭怪圈。

這種政黨對部分利益的關注多於對全體利益的關注，對內政問題的關注多於對外政問題的關注，對短期議題的關注多於對長期議題的關注，票決政治則進一步加劇了這種現象。這使西方政治學說基礎上的政黨政治出現庸俗化、娛樂化甚至劣質化傾向。有意思的是，後來西方政治學說又把競爭性政黨政治和民主連繫在一起，將其視為民主的一個重要標準。實際上，這是對民主的誤讀，因為人們很難將民主同「部分反對部分」的政治連繫在一起。

相較而言，中國共產黨的建黨學說乃至治國理政邏輯，同那些只代表「部分」的政黨的行為邏輯不一樣。可以說，中國共產黨重新定義了什麼是先進政黨以及先進政黨的使命和責任，為政黨政治煥發生機提供

了新的選擇。從這個意義上說，這次對話會不僅為各國主要政黨提供交流治黨理政經驗和做法的平臺，也起到促進許多政黨反思自身在當今世界中的角色、作用、責任的效果。

另外，對話會還與中國特色大國外交發展有關。中國政治的確定性和不少競爭性多黨制國家政治的不確定性越發形成鮮明對照。而中國外交又回避不了同多黨制國家打交道，這使中國外交經常碰到「一對多」的難題，結果就是對方國家的政黨輪替可能影響其與中國的雙邊關係。有時，中國甚至會莫名其妙地因為別國黨爭政治受損。

就此而言，對話會可在尊重別國內政的前提下，通過深入的對話和交流促進主要國家不同政黨對中國了解，甚至促成它們在對華政策上形成某種一致和共識，這將有助於避免別國因為政黨輪替而影響與中國的雙邊關係，為中國未來發展創造良好外部環境。

當今世界存在不少治理赤字和難題，政黨在治理赤字問題解決上能發揮更大作用。各國主要政黨借助中國共產黨與世界政黨高層對話會這個平臺交流互鑒，這是以前國際政治不可想像的事，可謂世界政治領域一個了不起的創舉。從中可以看出，中國正通過一個個實際舉措，切實推動人類政治文明往積極向善方向發展。

第二章　大國治理的現實境況

第一節　西式民主話語體系的陷阱

進入二十一世紀以來，世界政治思想界發生的最重要事件，莫過於被打造成唯一模式的西式民主在國際關係中的失落和衰落。一批曾經活躍在西方學術界和宣傳界的民主推廣人士要麼是因為底氣不足而失聲，要麼是因為西式民主失靈而轉行，還有一些在為西方民主的普遍適用性做無力的辯護。與此同時，近年來一些西方國家內部出現了越來越多與其宣揚的民主相悖的現象，如資訊監控、種族矛盾、政治極化、外交承諾的隨意性等等，加上西式民主輸出在發展中國家製造的陷阱、動盪和混亂，凡此種種，從直觀上加深了人們對西式民主學說及其對外輸出弊病的認識。

然而，只有在更深入地了解西式民主理論的敘事和表達結構之後，或者說，對這套理論背後的歷史編纂學有所了解，才能由表及裡，抓住西方民主話語體系的本質，從而增強對各種民主學說及其背後意識形態的鑒別、分析和揚棄能力。

西式民主理論編纂最流行的方式是將西式民主、資本主義民主這一特定概念，轉換和包裝成一個普遍概念。馬克思恩格斯在《德意志意識形態》中精闢地指出：「占統治地位的將是越來越抽象的思想，即越來越具有普遍性形式的思想。……這在觀念上的表達就是：賦予自己思想以普遍性的形式，把它們描繪成唯一合乎理性的、有普遍意義的思想。」資本主義體系在世界擴張進程中取得一定的物質支配力量之後，便著手從思想上完成對世界的精神支配。自此，西方主流的民主學說很快與其意識形態宣傳結合在一起，經過幾代人的努力，完成對西方民主從特殊到普遍的改造。在這一表述結構中，所謂西式民主的普遍意義是

借助一個對立面來襯托的，也就是常見的民主─非民主／專制這樣的二元對立敘事方式，其不是在別人政治發展經驗和教訓中獲得正反鑒察，而是在否定別人政治制度的對立中樹立自己的標杆。從抽象意義上講，民主和專制的二元對立本身並不存在問題，問題在於霸權國家在將自身塑造為民主的化身以後，得以將自己的利益巧妙地通過抽象的價值來進行了轉述，它可以將一切對其統治不滿的外部力量劃歸到專制獨裁的陣營，任何反對或削弱其統治的外部力量，在話語表達上都會被表述為是「專制」對「民主」的威脅；如果有人對西式民主提出批評，那麼其又會轉換概念，將人們對西式民主的批評設定為是對民主的批評或者反對。

上述表述結構的弱點在於，當人們將所謂普遍的、抽象的、單數的民主還原為特殊的、具體的、複數的民主的時候，西式民主學說的市場範圍必然出現萎縮。隨著人們在民主問題認識上的提高，這個趨勢愈來愈清晰。

西式民主理論編纂的另外一種方式是試圖按照西式民主的價值來支配世界政治史和一些國家政治史的寫作，這就是一度流行的所謂民主化的歷史敘事。然而很清楚，西方特色政治學中所謂民主化的世界歷史敘事，實質上是按照西方民主的正統和歸屬為線索來編寫人類民主的歷史發展的。在該歷史編纂哲學的影響下，近代以來人們追求民主的歷史被移花接木地轉化為追求西方民主的歷史，而西方對外輸出民主的過程，又被巧妙地轉化為是近代以來世界的民主化浪潮的主流。在看上去像學術、同時在學術界較為流行的所謂幾波民主化分期中，一些真正的民主運動的重要意義被刻意回避、省略或者遮蔽了，例如民族解放和民族獨立、探索獨立政治發展道路的運動以及中國社會主義民主政治建設實踐，這些波瀾壯闊的民主運動在這種民主歷史編纂學中恰恰被刻意排除了，它們在二十世紀以來推動世界民主發展上的意義，與西方民主輸出

不可並列而語。

尤其值得一提的是，在一些發展中國家乃至中等新興國家，其本國的歷史寫作一旦被西方民主化敘事邏輯所主宰，很容易陷入發展階段的前後衝突和自我否定之中，在不知不覺中失去自己歷史敘述的主體性，造成歷史認識上的割裂和斷裂，進而引起社會動盪的也不在少數。二十世紀八〇年代以來不少國家在採納西方民主化的敘事模式來書寫自己的歷史的時候，政治發展進入到一個困惑時期。因為一旦按照西方民主轉型的標準來衡量自己的政治發展，其原有的、連貫的歷史就陷入人為的對立、焦慮和折磨之中。這是當前不少發展中國家在政治發展進程中碰到的一個較為突出的歷史表述難題。

第二節　西式民主的本質和缺陷

　　民主是政治學中最容易引起誤解的一個概念，不同政治學說幾乎都講民主，但是理解和實踐卻有很大不同。進入二十一世紀以來，自詡為普遍適用的西式民主再次受到重挫，西式民主的內在缺陷所引起的週期性制度危機，成為西方政治發展難以解決的一個痼疾。認識西式民主的缺陷和弊端，目的不在於否定他國基於自己歷史國情所選擇的制度，而在於為中國社會主義民主政治建設提供必要的鑒察。

一、少數人的民主

　　西式民主在本質上是以資產階級私有制為經濟基礎的政治上層建築，以維護資產階級統治和總體利益為宗旨，反映的是壟斷集團的利益，是少數人的民主。在觀念表達上，它以「全民」的形式掩蓋資產階級利益的實質；在政治法律上，它把經濟上的事實上的不平等虛幻地表現為平等。新興資產階級早期通過對民主學說的改造，在同教會、王權、貴族的鬥爭中取得思想優勢，在當時具有進步意義。然而民主問題從來不是抽象的，它是有特定的經濟基礎的，資本主義生產方式中生產資料的私人占有和集中的固有特性，決定了資產階級既是資本主義社會占統治地位的物質力量，同時也是這個社會占統治地位的精神力量。儘管資本主義民主通過各種政治手段巧妙地進行了包裝掩飾，但仍然改變不了它是少數人的民主的實質，理論與實際相脫離、內容和形式相對立、形式上平等和實質上不平等的對立成為它的典型特徵。在二十世紀風起雲湧的社會主義運動影響下，西式民主被迫進行了一定調適，比如

擴大公民權和投票權範圍。然而,「選舉的性質並不取決於這個名稱,而是取決於經濟基礎,取決於選民之間的經濟連擊」,馬克思主義民主觀早已洞察了這一本質。民主的政治分母看上去大了,但是少數人民主的實質並沒有改變,以致有人形象地將當代西式民主說成是「百分之一民有、百分之一民享、百分之一民治」的民主。面對這一客觀現狀,西方一些具有批判和反思精神的學者,甚至不認為現在西方的民主是民主,因為「代議民主已經演變為現代寡頭制了」。

二、低效的民主

在國家治理上,西式民主用權力分置的原則維護資產階級的總體利益,不僅沒有克服由資本主義生產方式內在矛盾引發的危機,而且各利益集團爭奪導致的糾紛加劇了這種危機。早期資產階級革命勝利以後,為了照顧不同利益集團的政治訴求,主要西方國家在國家權力的制度安排上大致採用了分割、制約和平衡的方式,分權制衡思想對西式民主發展影響甚深,這是由資本主義民主的經濟基礎決定的。馬克思恩格斯在《德意志意識形態》中就此指出:「在某一國家的某個時期,王權、貴族和資產階級為奪取統治而爭鬥,因而,在那裡統治是分享的,那裡占統治地位的思想就會是關於分權的學說,於是分權就被宣布為『永恆的規律』。」在實際生活中,人們又應該如何認識分權制衡造成的治理低效與西方國家治理階段性的績效之間的關係呢?在西式民主的演變歷程中,當利益集團、政黨的利益交集一致時,國家治理相對穩定有序,這反映了資產階級統治集團利益的一致性。在另外一種情況下,利益集團和政黨更多的是在對抗的制度設計下開展政治活動的,彼此掣肘、相互否決成為常態,國家治理常常處於「一國三公」狀態,這種消極現象嚴重影響著國家治理效能。西方很多學者自己也承認,三權分立是一種過

時的政治理論，因為其違背了基本的國家治理常識，如果各司一職的幾大機構完全基於相互制約，任何政治體系都是無法有效運轉的。然而，在西方國家搞的對外民主輸出中，這種低效的民主卻幾乎被視為樣板，不少發展中國家倉促按照分權、制衡民主理論設計政治制度，國家陷入一盤散沙。

三、內外矛盾的民主

在人類命運與共、世界互聯互通的時代，一種好的社會政治制度，必須在與外部世界連擊中實現內外政治的良性互動和秩序。西方民主制度在與外部世界打交道過程中，出現越來越多與世界發展大勢相抵觸的現象。從西方民主制度的內在設計上，不難發現一些難以克服的缺陷。當基於分權和制衡的對抗式民主的運轉效應擴散到國際政治的時候，國內政治的矛盾自然被帶到國際政治之中，且對抗式民主走向極端、演變為相互否決的時候，國際政治中許多來之不易的合作協定不得不因為這種「民主」而夭折，由此增加了全球治理的成本。當前，國際關係中的許多全球性問題需要各國通力合作才能夠解決。站在客觀公正的立場上，越來越多的人開始認識到：這種民主制度以及民主理論已不足以成為構建良好全球治理的國內制度基礎，它日益成為人們探索更美好國際秩序的障礙。

第三節　對抗式制度體系導致西方之亂

近年來，很多西方國家出現社會紊亂甚至失序現象，如債務危機、暴恐頻發、難民危機、選舉出現「黑天鵝」事件、民粹主義高漲、右翼極端主義暗流湧動、種族歧視引發社會抗議和騷亂等。西方社會亂象叢生、治理赤字嚴重，表明資本主義正在出現系統性危機，並成為世界和平與發展的不確定因素。究其原因，對抗式制度體系是導致西方之亂的重要根源。

一、西方資本主義出現系統性危機

歷史上，資本主義經歷過多次經濟危機，並在二十世紀導致兩次世界大戰。二戰之後，西方資本主義國家出現恢復性快速發展，而其內在矛盾和問題也加速積累。二十世紀末，日本經濟泡沫破滅，至今未見起色。二〇〇二年，擁有上千億美元資產的美國安然公司宣告破產。此時，美國房地產領域的次貸問題已在醞釀新危機，積累著更具破壞性的負能量。一場因次級抵押貸款機構破產、投資基金被迫關閉、股市劇烈震盪引發的金融風暴，從二〇〇七年八月起席捲美國、歐盟和日本等世界主要金融市場，釀成二十世紀三〇年代以來最嚴重的國際金融危機。

為應對這次國際金融危機，西方主要資本主義國家紛紛推出大規模經濟刺激計畫。但是，國家公共開支劇增同經濟復蘇乏力、稅收減少的矛盾，又使政府債務進一步攀升。事實上，只要經濟增長和財政收入增長低於債務膨脹速度，國家支出與國家稅收之間的結構性缺口必然導致

債務問題越來越嚴重。從長遠來看，降低政府債務水準需要削減公共開支和社會福利，但這必然降低民眾生活與福利水準，進而加劇民眾與政府的矛盾，導致社會衝突。為緩解債務危機，一些西方國家試圖通過增稅來平衡財政收支，但這又遇到大財團的重重阻力。如此一來，這些國家就陷入「兩面不討好」的尷尬境地。債務問題使人們開始懷疑通過國家調節避免資本主義危機的傳統方案。實際上，債務問題大大削弱了西方國家應對危機的能力，這是新自由主義「去國家化」和「最小政府」經濟思潮盛行的必然結果。也就是說，這一輪資本主義危機暴露的不單單是市場失靈，還有嚴重的政府失靈。大部分西方國家在應對危機時所表現出的焦慮、慌亂和失序，反映了這些國家因財政狀況惡化而出現的信用危機和治理危機，同時也成為危及當今世界穩定的不確定因素。

二、西方之亂的對抗式制度體系根源

在歐美國家的政治生態中，對抗式制度體系成為治理赤字的重要制度根源。對抗式制度體系由競爭性政黨制度、選舉政治、議會政治、利益集團政治等制度形態組成，其基本假設是制度體系應該建立在對抗制衡和分而治之的基礎上。這套政體模式是在近代歐洲獨特的歷史和國情中形成的，後來雖然出現了一些變體，但基本精神沒有大的變化。按照對抗制衡原理形成的一整套對抗式制度體系，奠定了西方對國家、政府、政黨、立法、司法、央地關係、內外關係等的特殊理解方式，並在此基礎上構建了較為自洽的西方政治學說體系。在西方政治擴張過程中，西方政治學說又用民主和自由等辭藻來修飾和附會這種制度體系。事實上，對抗式制度體系與民主、自由的真諦相去甚遠。在實際運行中，對抗式制度體系往往在空間上表現為一部分反對另一部分、在時間上表現為這一屆反對上一屆，其極端形態就是政治失靈、政治極化或者

政治相互否定，從而導致對抗式制度體系的週期性危機，形成所謂的治理赤字難題。對抗式制度體系還是導致極端主義的一個重要根源，因為團體和個體往往需要在極端言論和政策中尋找自己的身分定位。這樣來看，西方社會有今日之亂象就不足為奇了。

當今世界一些國家的治理赤字，也同對抗式制度體系的流行有很大關聯。歐美國家以外的不少發展中國家在複製這套制度體系以後，不僅國家治理體系和治理能力遭到削弱，還催生和加劇了社會對立、民族分裂、地區隔閡等亂象。可以說，對抗式制度體系被複製到哪裡，哪裡的社會對立、民族分裂、階層冷漠就會被啟動甚至激化。不少發展中國家和一些發達國家都飽受對抗式制度體系的折磨。如果所謂「民主」「自由」的制度體系不是有助於和諧與團結，而是不斷加劇對抗和衝突，人們就有理由懷疑這樣的「民主」「自由」根本不是民主、自由的本義，更不應是人類政治文明的前進方向。

對抗式制度體系還表現出排他特點，尤其是政黨變化的不確定性嚴重影響遵約效果，大幅降低了國際合作效率，極大增加了全球治理成本。與此同時，破壞國際關係民主化的現象也在增多，許多需要各國合作解決的全球性問題久拖不決或決而難行。英國脫離歐盟的突發性、美國退出《巴黎協定》的隨意性等，意味著國際不合作行為產生連鎖效應。還應看到，近年來一些國家奉行「本國優先」的原則，也就是為了本國利益可以置各國共同面臨的議題於不顧，甚至採取明顯損害他國利益以及國際社會共同利益的決策和政策。同時，以結盟對抗和干涉思維處理國際關係的現象仍然存在，妨礙著新型大國關係和新型國際關係的構建。集體行動能力的削弱、單邊主義的上升、結盟對抗冷戰思維的延續，這些對全球治理的改善都不是好事。資本主義經濟政治制度本身，正在成為許多全球性合作方案的消極力量。

對抗式制度體系在制度設計上造成國內政治和國際關係內在的對立

狀態，難以滿足互聯互通時代的合作需求。從人類對更好社會制度探索的歷史來看，對抗式制度體系是人類社會一項比較糟糕的政治發明。構建國內制度體系和世界治理體系相互適應、相互支持而不是相互抵觸、相互衝突的國際秩序，成為人類在探索更好社會制度道路上面臨的重大課題。面對這一重大課題，面對當今的西方之亂，世界各國都應有所自省和自覺。

第四節　辯證看待資本主義系統性危機

二〇〇八年爆發的國際金融危機始於金融、經濟領域，並逐步蔓延到政治、社會各個方面。從影響程度和範圍看，這場危機當屬近百年來最嚴重之列，對各主要資本主義國家產生了重大影響，激發人們思考國際經濟政治治理體系變革的深層次問題。

一、信用危機和治理危機

此輪資本主義危機雖然發端於金融領域，但突出表現在債務問題上，由此引發了資本主義國家的信用危機和治理危機。國際金融危機爆發以來，幾乎所有發達資本主義國家的主權債務負擔率（主權債務占GDP的比重）都呈大幅上升之勢：大部分發達資本主義國家超過了百分之六十的國際警戒線，不少國家甚至超過了百分之八十甚至百分之九十的高壓線。資本主義國家發生債務危機早已有之，但主要資本主義國家幾乎同時陷入整體性、系統性的債務危機，卻是資本主義危機的新表現。

造成主要資本主義國家債務危機的原因是多方面的。二十世紀七〇年代美元與金本位制脫鉤後，金融資本主義迅速發展，導致發達資本主義國家實體經濟與虛擬經濟嚴重脫節。美元扮演的國際貨幣角色，使其在國際貿易中維持長期逆差，這就進一步使生產與消費發生分離。跨國公司的貿易迅速擴大，西方主要資本主義國家諸多產業向外轉移，很大程度上減少了政府的稅收。與此同時，西方資本主義國家在社會領域普

遍實行高福利政策，而多黨政治體系中政黨政策的短期性以及政黨的勝選需要，又從體制上助長了福利擴張和財政透支。這些都是資本主義國家發生債務危機的重要原因。

　　缺乏節制是資本主義債務危機爆發的深層次原因。資本具有逐利的本性，而現實生活中市場訊息不對稱、不完全、不確定是常態。在缺乏法律和制度制約的情況下，市場主體特別是占有資訊優勢的一方為了追求利益最大化，可能會故意隱瞞相關資訊，或者採取投機、欺詐行為，從而對另一方的利益造成損害。資訊不對稱的情況累積起來，就會破壞市場正常運行，甚至產生信用危機和經濟危機。有人將二十世紀七〇年代後資本主義國家的財政狀況形容為「食之者眾，生之者寡；用之者疾，為之者舒」，這與中國古代「生之者眾，食之者寡；為之者疾，用之者舒」的節制財政思想截然相反。這種狀況自然無法持久，不可避免地導致債務危機。

二、新一輪資本主義危機暴露的深層次問題

　　債務危機對主要資本主義國家的影響巨大而深遠。為了應對金融危機，西方資本主義國家紛紛推出大規模經濟刺激計畫，但國家公共開支的劇增同經濟復蘇乏力、稅收減少的矛盾，反而導致政府債務的進一步攀升。只要經濟增長和財政收入增長低於債務膨脹速度，國家支出與國家稅收之間的結構性缺口必然導致債務問題越積越重。長遠來看，降低政府債務水準應削減公共開支和社會福利，但這必然降低民眾生活與福利水準，進而加劇民眾與政府之間的矛盾，導致社會衝突不斷。為了緩解債務危機，一些西方資本主義國家試圖通過增稅來平衡財政收支，但又遇到大財團的巨大阻力。

　　這一輪資本主義危機暴露的不單單是市場失靈，還有嚴重的政府失

靈。大部分西方資本主義國家在應對危機時所表現出的焦慮、慌亂和失序，反映了這些國家因財政狀況惡化而造成的信用危機和治理危機，同時也成為危及當今世界穩定的不確定因素。

這一輪危機標誌著資本主義的價值觀和意識形態在褪色。二戰後，西方幾代理論家苦心包裝的所謂西式自由民主和市場原教旨主義價值觀，既在其國內遭到質疑和反思，又在國際上遇到越來越多的抵制和阻擊。曾經被宣揚為一些西方大國軟實力重要組成部分的價值觀和制度資源逐漸流失。危機之下，一些西方資本主義國家在選舉政治、政黨政治、議會政治、對外政治中的表現，讓人很難將其與人類理想的政治文明連擊在一起。因此，這一輪危機對全世界來說，還是一場生動的政治制度教育。主要西方資本主義國家制度體系運行過程中出現的相互掣肘、漫天許諾、彼此否決、分裂對立等現象，促使越來越多的人反思這種制度體系的合理性。

三、國際經濟政治治理體系變革的新契機

當前資本主義社會的系統性危機，促使人們深入思考資本主義體系與外部世界之間的矛盾，為國際經濟政治治理體系變革打開了新空間、提供了新契機。

資本主義在其擴張過程中，構造了一個包括中心和周邊的體系，使其可以將發展的經濟和社會成本幾乎不受限制地轉嫁到周邊和邊緣。國際金融危機爆發以來，美國出於自身利益考慮，實行寬鬆的貨幣政策，對世界其他國家經濟產生嚴重的消極外溢效果。由此可見，資本主義主導的經濟全球化必然在國內和國際產生更大的不平等，這是資本主義運行過程中固有的成本社會化和利潤私人占有邏輯發展的必然結果。資本主義體系本身並不具有在內部消化危機和壓力的能力，它只有不斷通過

成本的外部轉嫁才能維持運行。這與世界需要的平等、互助、包容、共享的價值理念是背離的。近年來，那些堅持獨立自主發展道路的國家獲得了更多的政治、經濟能力以抵禦外部干涉和危機轉嫁。這表明，國際經濟政治治理體系正在發生積極變化。

國際經濟政治治理體系如果縱容一些國家將內部成本轉嫁給別國承擔，或者對此類現象束手無策，這樣的體系就不可能公正，也很難持久。正因如此，國際金融危機後應運而生的二十國集團，取代過去的七國集團成為全球經濟治理的主要平臺。然而，西方資本主義國家出現的系統性債務問題，使得其承擔世界經濟政治治理責任的信用和能力受到質疑。資本主義經濟政治制度本身，正在成為許多全球性合作方案的抵制力量。構建國內制度體系和世界治理體系相互適應、相互支持而不是相互抵觸、相互衝突的國際秩序，成為人類在探索更好社會制度道路上面臨的重大課題。

在這一輪國際金融危機期間，中國經濟對世界經濟增長的貢獻率一直維持在百分之二十至百分之三十的高水準。中國制度體系在處理與外部世界關係上的積極作為，為世界經濟政治治理體系變革提供了有益借鑑。中國始終將國內經濟社會發展放在世界格局下來考慮，通過國內經濟社會發展促進國際經濟政治治理體系變革，同時推動國際經濟政治治理體系變革以更好地服務國內經濟社會發展。這是一種促進國內治理與全球治理良性互動的制度方案，它解釋了中國為什麼能以內部制度創新的方式消化壓力，而不是像一些發達資本主義國家那樣通過對外擴張、搞殖民地的方式實現國家富強。中國很重視將合理的國際方案通過國內發展規劃予以認真落實，這種國內制度和國際制度保持協調的方式，是中國制度體系很重要的一個特點。它與資本主義國家分權制衡的制度體系在對外關係上的邏輯迥然有別，為推進國際經濟政治治理體系變革拓展了富有啟發性的新視野。

第五節　準確把握中國制度精神

　　如何準確把握中國制度精神，關鍵是如何在堅定自己制度文明標準的前提下，將自身制度體系建設的重要成就予以學理化。古今中外的大國發展歷史表明，一個沒有自己政治學理論體系的大國，一個沒有把握住自己政治體系、政治實踐解釋權的大國，其在政治精神上也不會是獨立的。這也是當下講制度自信對學界提出的理論任務。

　　制度體系是任何一種政治文明最突出的表現形式。日益成熟定型的中國制度體系成為當今世界政治學研究中的一個重要話題。習近平總書記在慶祝中國共產黨成立九十五週年大會上指出，中國共產黨人和中國人民完全有信心為人類對更好社會制度的探索提供中國方案。中國制度體系的發展和完善是人類政治文明一個重要組成部分，然而從學理上對中國制度體系背後的精神、原理、安排、績效的闡述還有待學界努力。本節扼要概述中國制度背後包含的一些精神和原理，以期學界能進一步圍繞中國制度體系的精神、原理、安排、績效進行探討，向國內外積極普及中國政治文明成就，共同推動中國政治學理論、學科、學術體系的發展。

一、公與私

　　任何好的制度，背後都有一種精神力量在支撐，從而使其常活常青常新。中國制度體系的特點既要放在自己的歷史和國情中看，也要放在國際比較視野下看，它和西方制度體系最大的區別在於立制建章背後之精神的不同。簡單講，西方制度立制的精神是「私」，中國制度立制的

精神是「公」。古人說:「一私則萬事閑,一公則萬事通。」馬克思主義政治經濟學的核心思想是「公」,這一點與中國古代社會思想是相通的,也是中國能夠接受馬克思主義的社會政治文化基礎以及馬克思主義在中國扎根的思想養料。在中國共產黨的話語體系中,「公」是最常用的一個字。例如,共產黨人經常講「立黨為公,執政為民」。另外,中國特色社會主義政治經濟制度安排的核心和主體也是「公」。正因為「公」代表著中國制度體系的一大精神,我們觀察中國制度,無論是根本制度、基本制度還是一般制度、具體制度,均可發現其背後偉大的「公」的意蘊。反觀西方制度,其背後精神是「天下為私」。中國共產黨的治國理政話語體系也好,中國制度體系也好,反復強調要按照公心、公道、公正,這些都是「公」的思想的發揮。我們閱讀中西政治經濟法律著作,可以明顯地看到背後「公」「私」的分野。中國的政治經濟法律著作的主導精神是「公」,是按照「天下為公」精神來展開的。西方的政治經濟法律著作主導精神是「私」,基本是按照「天下為私」精神下來的。這種兩分法有點絕對,但基本不偏。進而言之,人類政治文明走到今天這個地步,按照「天下為私」的邏輯走下去,怕是個絕境。

二、合與分

中國制度精神的第二個層面體現在「合」與「分」的關係中。簡單講,「合」的精神貫穿在我們制度體系安排中,就是制度體系建立在「合而治之」基礎上,而不是建立在「分而治之」基礎上。

中國制度體系安排遵循的是「合而治之」的精神。中國人民代表大會制度突出黨領導人民依法治國,中國特色政黨制度強調中國共產黨領導的多黨合作和政治協商,民族區域自治制度把團結擺在首要位置,社

會基層治理重視協商，乃至黨政關係中講的是分工而不是分開，等等。進一步來說，在「合而治之」的制度體系中，制度設計不是建立在制衡原理上，而是建立在監督、協商原理上。在西方政治學理論中，制衡被抬到很高的位置；但是在中國特色政治學理論體系中，監督體系建設理應被放在比制衡更重要的位置。如果按照制衡原理來思考甚至設計我們的制度，那就必然和我們制度大的精神相衝突。在這個問題上，國際政治學界好將制衡視為制度體系安排的唯一原理，實際上是值得反思的。

中國政治模式以「合而治之」原理解決了「分而治之」制度體系的弊端，這是我們在國際比較中講制度自信的一個理由。「合而治之」是我們制度體系在國際比較中的比較優勢，也是人類政治文明進步的方向。一國三公，則權柄分而不一。道旁築舍，議論多而難成。考察西方特色的制度體系，其精神大致是「分而治之」。在「分而治之」的制度體系中，政黨制度、政行關係、政法關係均以分立甚至對立的形式表現出來，而所以強調「分」，同其制度精神的「私」又是一脈相承的。在「分而治之」的制度體系中，制衡比監督更重要。制衡走到極端，即是掣肘和對抗。政治淪落為部分反對部分、一屆反對一屆的相互否決狀態，就很難為國為民謀長久之利。這違背了政治為公的常識。觀察世界上不少國家的治理現狀，在引入「分而治之」的制度體系後，深受其苦，由此導致政治分裂、政黨對立、社會對抗、民族分離的可謂司空見慣。

三、內與外

在各國互聯互通和相互依存的時代，國內問題與國際問題之間的相互傳導性，已經極大地改變了政治系統的運行空間。為此，構建一個內外政治合作共生取向而不是對抗取向的制度體系，成為政治學和外交理

論思考的一個問題。

　　近代西方政治理論大致構建了一個國內政治和國際關係或者內外關係衝突的制度模式，這種制度模式的缺陷表現為內部政治頻繁否決國際合作協定，「分而治之」的制度體系又增加了對外行為上的不確定性，導致國際合作舉步維艱，全球治理寸步難行。這顯然不是能夠適應各國責任、利益、命運高度關聯狀態下的制度體系。國內政治和國際關係互聯互動的增強，需要各國尤其是大國，能夠確保國內制度體系與國際合作處於合作協商而不是排他否決狀態。

　　中國制度體系形成了一個較為高效的內外關係合作模式，國內政治與國際關係處於一種合作協商狀態下，避免了多黨制、利益集團政治下容易出現的對國際合作協定輕率否決的現象。換句話說，外人同中國打交道的確定性和一致性強；反之，外人同多黨制國家打交道的外交成本高，不確定性更強。中國制度體系在內外關係上的處理辦法，實際上可以為世界政治學界思考國家治理和全球治理關係提供新的借鑑價值。

四、制度與人

　　將制度體系的穩定性和人的主觀能動性結合在一起，是理解中國制度精神和原理的一個關鍵。一些西方特色的政治學理論雖然重視制度，但有的時候發展到制度決定論，只見制度不見人，陷入機械主義制度論的認識陷阱中。人們經常聽到的一個觀點是，某某國家的制度很好，庸才當總統也能夠把國家治理好；但是他敢不敢反問，如果連續出現兩三個庸才總統，如果制度體系中的人懈怠了，國家治理究竟會是什麼樣？在比較中西政治學理論體系時，我們會發現在西方特色政治學教科書中，是沒有黨建理論的。但是在中國政治學理論體系中，黨建則是核心內容之一。這兩套理論體系內容的差異，實際上反映了對制度與人關係

的認識不同。

有一個寓言故事，是說一艘木船，每年都要換掉一些舊船板，那麼等全部船板都換完以後，這艘船還是不是原來的木船？顯然，如果將木船比喻為制度，將船板比喻為制度中的人，如果不斷換上的是理想信念不一樣的人，這艘船最後就不是原來的船；但是不斷換上的是理想信念一樣的人，這艘船哪怕木板全換掉了，最後還是原來那艘船。這個寓言故事對於理解制度和人的關係，不乏啟發意義。一個國家的根本和基本制度奠定以後，人的因素是最重要的。在堅持根本制度的前提下，通過對人的主觀能動性的調動，發揮制度最理想的效果。中國的黨政軍機構中，不少機構都是和人的建設有關；我們的政治學理論體系和學科體系中，黨建占據重要的位置；在實際政治生活中，政治學習、民主生活會、幹部理論培訓、理想信念教育，其著力點都是制度體系中的人。

將制度的穩定性和人的主觀能動性結合起來，是中國政治學理論重要內涵之一。實際上，世界各國在政治發展中，都應該重視制度和人的關係。有的國家在其政治發展中，忽視了人的因素，以為移植外來制度就可以把國家治理好了，有的國家擁有一套自身制度體系，但是忽視了制度體系中人的教育，其制度體系最後也走向了僵化和衰落，這些都是政治學研究需要重視的教訓。

五、制度體系與中國政治學新任務

中國制度體系的定型和完善，反映了新中國為人類政治文明所做出的開創性貢獻，也把中國政治學理論在世界上推到一個新的研究高度，這是我們制度自信的理由之一。政治為公、「合而治之」、內外協商、制度與人關係等，只是概括中國制度精神、原理、安排、績效的幾個概念。其實我們講自己的制度體系定型以後，對從事國際政治和中國政治

研究的人提出了一個具有前瞻性和歷史性的大課題，也就是在制度體系建設上不存在接軌的問題，關鍵是如何在堅定自己制度文明標準的前提下，將自身制度體系建設的重要成就予以學理化。古今中外的大國發展歷史表明，一個沒有自己政治學理論體系的大國，一個沒有把握住自己政治體系、政治實踐解釋權的大國，其在政治精神上也不會是獨立的。這也是當下講制度自信對學界提出的理論任務。

學界除了致力於完成中國制度體系的標識性概念提煉和理論體系的構建，還要做好中國制度體系知識的國內外普及工作。從國際比較來看，利用一些西方特色的政治學概念難以解釋中國政治和制度體系，甚至還有很大的誤導性。例如，在對外講中國制度道理時，外人很容易對「合而治之」的制度體系安排留下深刻印象；反之，外人如果按照「分而治之」來理解中國制度體系，則往往不得其解。政治學界因此有責任把中國政治發展、治國理政和制度體系提煉出成體系的標識性概念，對國內外政界、學界、企業界、社會民眾進行中國政治知識普及工作，增強社會對我們制度體系的認同，增加外人對我們制度體系的理解，為中國的大國成長積聚政治軟實力。

第六節　中國與國際制度

對當代中國而言，作為一個後發國家以及有著濃厚東方文化遺產的社會主義國家，融入長期以來處於西方理念支配下的國際社會，無疑具有鮮明的對照意義，具有複雜性和艱巨性。

二十世紀七〇年代末以來，中國對國際社會的大規模參與，還有另外一個背景，這就是隨著中國經濟改革所帶來的綜合國力上升，迫使我們在外交和內政上提出「如何與崛起打交道」（coping with rising）相關的「怎麼辦？」問題。這是歷史上每一個上升中的國家在其世界政治事務中都要碰到的一個問題。參與國際社會的最終結果是中國成為世界中的中國，而不會是中國之中國。且不說中國因素在國際關係中究竟占據何種地位，也不論中國融入國際社會將對國際體系產生何種深遠影響，僅從相反的意義上看，由中國之中國成為世界之中國，這一進程會對中國國內政治經濟和傳統的外交行為產生多大程度的影響，的確是一個需要我們持久對待的課題。

理解中國參與國際社會的進程，僅僅從中國與國別關係的意義上去認識是不夠的，只有從中國與構成國際社會規範結構的國際制度的關係上，才能抓住解答這個問題的關鍵和本質。

本節就是從國際制度的視角，考察中國參與國際社會這一問題，研究參與和接受國際制度會對中國的內政和外交產生什麼樣的重大影響，目的在於就中國與國際制度這項研究提出一些假設性命題和基本的研究框架。

一、國際關係與國內政治：國際制度的國內影響

我們的研究重點是國際制度的國內影響，也就是說，要把中國與國際制度的關係放在國內政治與國際關係的框架下分析，將國內政治和國際關係結合起來，研究中國國內政治經濟和外交行為中的國際制度因素。

從國際關係理論和比較外交政策研究角度講，國內政治和國際關係研究早在二十世紀六〇年代開始就為人所重視。不過，早期國際關係和國內政治間互動關係的研究是不對稱的，學者們大多強調國際問題的國內根源，重視國內政治文化、官僚政治以及政治體制安排的差異如何影響國家的外交行為，所謂「對外政策是國內政治經濟的延續」，說的就是這個道理，或者如華爾滋給出的經典概念闡述，即國際關係研究中的「第二種設想」（the second image）[1]；而對國際力量如何影響國內政治，除了相互依賴、現代化研究和跨國關係理論中有些論述以外，研究水準與前者相比總體上處於薄弱的地位。[2]這種不對稱狀況直到古勒維奇（Peter Gourevich）「第二種設想的顛倒」（The Second Image Reversed）的提出，才有所扭轉。[3]二十世紀八〇年代以來，在全球化和國際化的浪潮下，比較政治學和比較外交政策領域出現了大量研究國際力量如何影

1　〔美〕肯尼士・華爾滋著，倪世雄等譯：《人、國家與戰爭》（上海市：上海譯文出版社，1991年），第4章。

2　Robert Keohane and Helen Milner, Introduction, in Robert Keohane and Helen Milner, eds., Internationalization and Domestic Politics, Cambridge: Cambridge University Press, 1995, p.7-10.

3　Peter Gourevich, The Second Image Reversed: The International Sources of Domestic Politics, International Organization, Vol.32, 1978, p.881-911.
古勒維奇利用這一概念所做的經驗研究還體現在他後來的《艱難時代的政治》一書中。
Peter Gourevich, Politics in Hard Times: Comparative Responses to International Economic Crises, Cornell: Cornell University Press, 1986.

響國內政治經濟和外交變遷的文獻。[4]其中，國際制度力量如何介入國家內部並影響其國內政治經濟變遷，就是其中極有影響的一個研究領域。

筆者的研究議程與比較政治學和古勒維奇的「第二種設想的顛倒」相關。具體到中國與國際制度研究上，所探討的問題將不集中在中國對待國際制度的國內因素上，而是中國參與和接受的國際制度，如何以及在多大程度上會對中國國內政治經濟以及外交行為產生影響。國際關係與國內政治的研究框架涉及兩個核心的概念，一個是國際領域中的國際結構，另外一個是國內領域中的國內結構。前者在研究中是引數，而後者則被視為因變數。也就是說，前者是後者變化的原因。[5]國際結構包括物質結構和規範結構，但因為研究主題的需要，我們只選擇國際結構中的國際規範力量，考察其對中國國內政治經濟和外交的影響。這樣的取捨不會從理論上威脅國際關係與國內政治分析框架的解釋力。

簡單地說，國際制度包括為相關國家所接受和遵守的多邊公約、國際機制和作為準則和規則正式安排的國際組織。[6]國內結構是指「國家的政治制度、社會結構以及將兩者結合在一起的政策網路」。[7]作為國際

4　最近關於這個問題的代表著作是：Keohane and Milner eds., Internationaliztion and Domestic Politics; Thomas Risse-Kappen, ed., Bringing Transnational Relations Back in: Non-State Actors, Domestic Structures and International Institutions, Cambridge: Cambridge University Press, 1995.值得一提的是，國內秦亞青教授也是利用國際結構力量分析美國戰後對外武裝衝突的支持規律的，見秦亞青《霸權體系與國際衝突》（上海市：上海人民出版社，1999年）

5　江憶恩在《國際結構與中國外交政策》一文裡，概要分析了物質結構和規範結構對中國外交政策的影響。
　　Alastair Iain Johnston, International Structure and Chinese Foreign Policy, in Samuel Kim, ed., China and the World: Chinese Foreign Policy Faces the New Millennium, Boulder: Westview Press, 1998, p.55-87.

6　蘇長和：《全球公共問題與國際合作：一種制度的分析》（上海市：上海人民出版社，2000年），頁78-87。

7　Thomas Risse-Kappen, ed., Bringing Transnational Relations Back In, p.20-25.

規範結構的國際制度，會對任何國家——無論是制度外的國家還是制度內的國家——的行動構成不同程度的限制和約束。但是，國際制度對一國內部政治經濟和外交產生重大影響的途徑，主要還是借助該國既定的國內結構。國內結構為國際制度發揮國內影響提供了管道，同時值得注意的是，我們不否認國際制度也有可能——但不是必然——逐步改變一國的國內結構特徵。

當今國際社會中存在的大量國際制度，有些固然帶有很強的分配性含義或者霸權色彩。國內學者對其已有相當多的論述。[8]但是，這不是問題的本質。問題的本質在於，當今國際社會中的大部分國際制度，在政治文化方面打上了深深的自由主義烙印。WTO及其前身GATT是個典型的例子，該組織不遺餘力地通過多邊談判削減關稅以促進世界貿易和投資的自由化；聯合國冷戰之後也一直致力於政治領域的人權保護和民主的援助工作；在環境保護領域，許多多邊環境保護機制是以自由市場的環境主義為基礎的。因此，依據政治自由主義和經濟自由主義理念而設計的國際制度，是國際社會規範結構中制度的一個重要特徵。

另一個重要特徵是，國際制度本質上都是多邊的制度。多邊制度與雙邊制度是相對的，它們是在非歧視的普遍化原則基礎上形成的，具有「不可分割性」和「擴散的互惠性」（diffuse reciprocity）[9]的特點。多邊制度通過成員間共同協調和討論，將議題置於集體和公共的解決框架下。在多邊制度中，集體的意志和決策限制著成員國單邊行動的意志。

---

8 有關該觀點的一些論文，可參考王逸舟：〈霸權・秩序・規則〉，載胡國成、趙梅編：《戰爭與和平》（北京市：中國社會科學出版社，1996年），頁161-183；門洪華：〈國際機制與美國霸權〉，載《美國研究》，2001年第1期，頁74-88。

9 John G.Ruggie, Multilateralism: The Anatomy of An Institution, in John G.Ruggie, ed., Multilateralism Matters: The Theory and Praxis of an Institutional Form（New York: Columbia University Press, 1993），p.21-22.

國際制度對一國內部的影響主要通過該國既定的國內結構產生。比較政治學領域中有多種對國內結構的劃分辦法被引入國際制度的國內影響分析中。考太爾（Andrew Cortell）和大衛斯（James Davis）在研究國際機制的國內影響時，根據國家—社會關係以及決策權威結構的集權和分權程度劃分了四種類型的國內結構。[10]而里斯—卡彭（Thomas Risse-Kappen）則區分了六種國內結構，它們分別為國家控制型（state-controlled）、國家主導型（state-dominated）、僵局型（stalemate）、公司型（corporatist）、社會主導型（society-domi-nated）和脆弱型（fragile）國內結構。[11]上述學者利用各自的劃分辦法考察國內結構對國際制度介入國內社會產生的影響。大致說來，國際制度要能對一國內部產生影響，它首先需要進入既定國家的政治體系中，以贏得特定議題上的政策聯盟而影響決策。對國家控制型和主導型以及社會力量薄弱的國內結構的國家，國際制度進入會很困難，但是正如里斯—卡彭所說，一旦國際制度進去之後，施加影響反而更加容易，因為高度行政集權和中央控制的國內結構在接受國際制度以後易於自上而下地實施國際制度。而對政治分權和社會力量強大的國內結構，國際制度進去很容易，但是進去以後施加影響可能很困難，因為既需要贏得和動員政策上的聯盟，同時還需要付出巨大的執行和監督政策的成本。[12]國內結構這種作用進一步提醒我們注意到，前種類型的國內結構在對國際制度的承諾和遵守上，並不必然會比後種類型的國內結構信譽差。在很多情況下，正是在後種類型國內結構中，才經常出現對國際制度承諾的言行不一和反復無常現象。

---

10 Andrew Cortell and James Davis, How Do International Institutions Matter: The Domestic Impact of International Rules and Norms, International Studies Quarterly（1996）, Vol.40, p.455-458.

11 Thomas Risse-Kappen, ed., Bringing Transnational Relations Back In, p.23-25.

12 Thomas Risse-Kappen, ed., Bringing Transnational Relations Back In, p.25-27.

國內結構為國際制度的影響提供了基本的管道。但並不是說，國內結構是一成不變的。一國的國內結構也可能因為該國參與越來越多的國際制度而被國際制度逐漸或劇烈地改變。一般而言，政治分權和社會力量強大的國內結構，由於其國內結構的開放性和彈性，不易於受到國際制度力量的改變，而行政集權型和社會力量薄弱的國內結構，往往會承受國際制度力量介入之後巨大的轉制風險。這是因為：第一，國際制度具有一定的社會政治動員能力，體現在它進入一國內部結構以後，可以合法地利用跨國資源，組建基歐漢和奈所說的「跨政府聯盟」[13]，通過跨國遊說和壓力，直接或間接地介入決策網路，培育和擴大民間社會力量等等。國際制度具有的這種社會民主精神，與行政集權和社會力量薄弱的國內結構是衝突的。第二，一國接受越來越多的國際制度，意味著它在國內法和國際法的認識上，更多地認可國際法高於國內法的事實，它在接受國際制度之後，相應要做的就是調整、修改或者廢除與國際制度不適應的國內法，並且在很多情況下要按照國際制度來規定國內議程。這就是國際制度如何在國內通過立法而取得合法化的過程。[14]第三，一旦一國接受國際制度，國際制度介入到國內生活後，國際制度可以將國內爭端上升到國際層面，或者有些國內行為者為了獲得對其他行為者的競爭優勢，更加願意並可能將內部決策的權威轉移到多邊國際制度層面上，從而使那些國內結構封閉和保守、國家控制強而應變能力弱的國家處於敏感、尷尬或者不適應的狀態，這將使傳統的封閉的國內政策對世界政治的變化更加敏感。第四，正如前文所述，由於大部分國際

---

13 〔美〕羅伯特・基歐漢、約瑟夫・奈：《跨政府關係和國際組織》，載布萊克編，楊豫等譯：《比較現代化》（上海市：上海譯文出版社，1996年）。

14 Andrew Cortell and James Davis, Understanding the Domestic Impact of International Norms: A Research Agenda, International Studies Review, Spring2000, Vol.2, No.1, p.70-71.

制度是由西方發達國家制定的，本質上帶有自由主義的色彩，國家控制型國內結構的發展中國家接受這些國際制度，將會比那些發達國家承受更大的國內轉制風險。現代化和民主化研究的許多成果說明了這一點。

在理論框架的最後一個部分，我們將提出一個假設，即在對國際制度的遵守和承諾問題上，民主國家的信譽並不見得一定就很好，而那些中央集權國家的信譽也不一定就很差。換句話說，也就是國家對國際制度的承諾和遵守可能與國家政治制度和民主無關。在許多國際關係理論文獻中，特別是最近民主和平論的文獻中，許多學者自然地根據民主和平論的邏輯，認為民主國家對國際制度的承諾信譽比集權型國家要更好。[15]前面提到，在國家控制弱、分權而社會力量強大的國內結構中，多元利益和制衡的政治體系往往使該國對待特定的國際制度時，會面臨相對較大的執行和監督成本，降低其承諾的可信性。另外，即使在這類國家，國內的民主秩序和生活並不必然代表其國際行為也是民主的。一方面，因為外交和軍事問題在公共政策領域最容易脫離國內民主程序的約束和控制，而在民主國家，民意也不大能夠顧及外交和軍事領域公共政策造成的域外成本；另一方面，民主國家本著短期利益的考慮，極可能會把國內決策的成本轉由其他國家承擔，從而導致其違背國際制度的承諾現象。[16]

---

15 例如高伯茲（Kurt Gaubatz）在《民主國家與國際關係中的承諾》一文中就認為，民主國家獨特的政治制度和偏好、制度的連續性和穩定的領導人更替制度，有助於形成可靠的國際承諾。
Kurt Gaubatz, Democratic States and Commitment in International Relatlons, in Miles Kahler, ed., Liberalization and Foreign Policy, New York: Columbia University Press, 1997, p.27-65.
科黑（Peter Cowhey）在〈從地方選舉到全球秩序〉一文中，考察了美國這樣的民主國家，其內部的選舉制度是如何決定了其更為可靠的對外承諾。
Peter F.Cowhey, Elect Locally-Order Globally: Domestic Politics and Multilateral Cooperation, in John G.Ruggie, ed., ibid, p.157-200.

16 最近有許多論述國內民主與國際民主問題的論著。一些論著對民主國家的對外行為是否一定就是民主的觀點抱著謹慎和懷疑的態度。例如加利：〈聯合國與民主〉，載劉軍寧編：《民主與民

能夠作為國家對國際制度承諾的解釋變數的，我們認為可行的選擇是國際結構，而不是政治體制。國際結構簡單地從物質上講，是權力的相對分配狀態；而從規範上講，則是國際制度。國際制度結構在很大程度上決定著國家對待國際承諾的態度。在國家與國際制度的互動過程中，國際規範會取得其在國內的合法性認同。國際制度在國內的認同程度越高，國家承諾和遵守的可信性就越強。國際規範對個體的社會化功能，有助於我們更為客觀地理解國家對國際制度的承諾問題。[17]

二、中國國內政治經濟中的國際制度因素

與國際制度的交往，已經成為二十多年來中國與國家外交之外最重要的內容。從政府和非政府間層面看，中國參加的政府間國際組織已從一九七七年的21個增加到一九九五年的49個，參加的非政府國際組織則從一九七七年的71個增加到一九九五年的1013個。[18]與此同時，中國還加入了越來越多的國際公約，內容涉及軍備控制、環境、人權、海洋問題、司法協助、反恐怖主義、經濟合作等。可以說，國際制度已經成為中國外交和內政中的一個重要問題。

主化》（北京市：商務印書館）。阿爾基布吉（Daniele Archibugi）：〈聯合國的民主〉，載〔日〕豬口孝、〔英〕紐曼和〔美〕基恩編：《變動中的民主》（長春市：吉林人民出版社，1999年），頁285-295。基歐漢在研究美國對待國際條約中的遵守問題時，原以為美國應該是一個信守承諾的國家，但是後來的研究發現美國的承諾狀況並不是很理想，見基歐漢為《霸權之後》一書寫的中文版序言。〔美〕基歐漢著，蘇長和等譯：《霸權之後：世界政治中的合作與紛爭》（上海市：上海世紀出版集團，2001年。）

17 從建構主義角度解釋國家對國際制度遵守信譽的文章，見Jeffrey T.Checkel, International Norms and Domestic Politics: Bridging the Rationalist-C onstructivist, European Journal of International Relations, vol.3（4）, 1997, p.473-495.

18 Elizabeth Economy and Michael Oksenberg, eds., China Joins the World: Progress and Prospects, NY: Council on Foreign Relations Press, 1999, p.41.

我們研究的重點是探討中國國內政治經濟和外交中的國際制度因素，也就是說，中國參與國際社會後接受的國際制度，如何以及多大程度上對中國的國內政治經濟和外交產生著影響。下文試圖粗略地提出一些中國與國際制度的研究假設。

　　國際規範結構影響著中國政治經濟和外交中的話語。在公開的政府文件和民間討論中，「與國際接軌」「按照國際慣例辦事」是二十世紀九〇年代最為流行的話語，另外，諸如「國際責任」「多邊主義」「國際遊戲規則」等詞彙的出現頻率也很高。這顯示了考太爾和大衛斯所謂的國際規範在國內所獲得的話語支持，[19]也顯示了中國對國際制度的學習和適應過程。從單純的話語意義上講，它反映了國際制度──儘管不是所有國際制度──在中國所獲得的更多認同。

　　但問題並不是這麼簡單。當我們把中國與國際制度置於國內政治—國際關係的背景下考察時，更深入的問題就會凸現出來。第一，中國參與的國際制度會對中國國內政治經濟和外交產生影響嗎？如果會，這類制度的哪些特性會起作用，其對中國國內政治經濟和外交可能會產生什麼樣的影響？第二，中國參與國際制度以後，外交行為與沒有參與這些國際制度時相比出現哪些明顯的變化？第三，中國對國際制度的承諾和遵守記錄如何？換句話說，國際制度是否為崛起中的中國成為國際社會中更負責任的大國提供制度性的保障？一個崛起中的中國在參與國際社會進程時是否如一些學者所認為的會成為「不遵守規則」和「不負責任的」國家？

　　先看第一個問題。我們的研究預設，中國接受的國際制度會對中國國內政治經濟和外交產生影響。這樣，問題就轉到當代國際制度的什麼

---

19 Andrew Cortell and James Davis, Understanding the Domestic Impact of International Norms: A Research Agenda, ibid, p.70.

特性，及其會對中國國內政治經濟和外交產生什麼樣的影響後果上。與中國問題相關的當代國際制度特性是：第一，當代國際制度大部分是按照自由主義理念設計的；第二，國際制度本質上是在多邊主義原則上運轉的；第三，一些國際制度具有重要的分配性含義，它們承擔著國際體系中重要的價值分配功能。以上三點制度特性對中國具有特別的意義，因為對中國而言，這三個制度特性是剛性的，中國不可能在改變這些特性的前提下參與這類制度。所以，中國國內因素恰好與這三點特性構成三對緊張關係：國內主流意識形態與自由主義理念為基礎的國際制度；外交行為如何適應參與多邊國際制度以後的多邊外交而不是雙邊外交；中國進入分配性含義很強的國際制度以後，這類國際制度可能在中國國內形成怎樣的社會分化作用。

從國內結構來看，中國的國內結構表現為強國家控制—弱社會型，行政和決策上具有高度集權的特點。參與的國際制度對這種國內結構的潛在影響表現在：第一，國家控制的國內結構可能會變得鬆散，在國際制度的壓力和作用下，國家會減少其在經濟和社會領域中的干預。第二，社會力量在中國進入國際制度以後，可能通過跨國行為體等合法的制度性管道擴大自己的空間和影響，從而在國家—社會的關係中，社會力量對國家的行動構成更多的制約。第三，中央決策將變得更為分散而非集中，有些決策通過國際制度管道的轉移，將在非傳統的國內層次而可能是在國際層次上進行。

實際上，我們也可以從很多指標上看出國際制度在中國國內產生的直接和間接影響，這些指標涉及政治、經濟、社會、環境等領域，如中央政府對經濟生活干預程度的降低，政府管制領域的縮小，按照國際規則特別是經濟規則進行的大規模國內法律修改，政府部門中涉外職能的擴大，民間跨國活動的增加等等。

現在我們轉到第二個問題。中國現在已經是絕大部分國際制度的成

員，一項關於主要國家參與國際組織的統計表明，截至一九九六年，中國參加了五十一個政府間國際組織，日本、法國、英國、美國和俄羅斯的數字分別是六十三、八十七、七十一、六十四、六十二個。[20]另外，中國人大還簽署了涉及環保、軍控、海洋、人權等領域的許多國際公約。這些現象說明中國融入而不是孤立於國際社會的事實。那麼，中國對國際規範結構的參與和認同，反過來會對中國的外交產生什麼樣的影響呢？或者說，國際制度如何建構中國的國際身分與外交？我們初步歸納出以下一些影響：第一，中國對國際規範結構的認同在提高，對於現行國際規範結構的合法性基礎，基本不持否定和革命的態度。[21]中國認為，有選擇地加入多邊公約、國際機制和國際組織，而不是試圖打破或者修正它們，對於正在崛起的中國的國家利益是有益的，對這些制度的參與，可以為擴展中國的國際活動空間提供制度性的資源，同時也有助於改善和提高中國的國際形象。薩繆爾・金所概括的中國對待聯合國系統的態度，即從體系的革命者（system-transforming）、體系的改革者（system-reforming）到體系的維護者（system-maintaining），基本上符合中國對待很多國際制度的態度。[22]第二，融入國際制度帶來中國外交行為最顯著的變化，是逐步肯定並適應多邊外交運作模式。這與改革開放前認為參與多邊外交會束縛自己手腳或者在國際談判中被孤立的看法形成鮮明的對比。第三，參與國際社會以及接受並執行國際制度的進程，

---

20 Samuel Kim, China and the United Nations, in Economy and Oksenberg, eds., China Joins the World: Progress and Prospects, p.47.
但是，中國現在還不是八國集團和OECD的成員，從未來發展看，中國融入這兩個組織（協調機構）的可能性很大。

21 這裡值得注意的是，中國對有些少數發達國家制定的，或者由美國絕對控制的國際制度仍然持保留和謹慎的態度。

22 Samuel Kim, China and the United Nations, in Economy and Oksenberg, eds., China Joins the World: Progress and Prospects, p.45-49.

對中國來說是一個重要的學習、調整和適應過程，通過這樣的「社會化」和「國際化」，[23]促使中國逐步由封閉的國家轉向「國際的國家」，一個可能更多地按照國際規範塑造自己國際行為的國家。第四，融入國際制度既使中國國內政策更為公開，也使中國對外政策更為透明，意圖更為清楚和明確，行動更具有可預測性。

現在回到最後一個問題，即中國在國際制度中的信譽問題。一些學者對中國加入國際制度後是否會遵守自己的承諾，或者進一步對中國融入國際社會後會不會成為一個負責任的國家表示擔心和懷疑，他們認為中國國內法治的薄弱，主流意識形態與現行國際制度的衝突，都會構成中國不履行國際承諾的消極因素。

前面理論框架部分對這個問題的初步觀點是，國家對國際制度的遵守和承諾與民主或者集權制度無關。簡單地認為民主和政治上分權的國家必定在遵守國際制度上具有可靠的信譽，而中央集權的國家在對待國際承諾上是反復無常的，這樣的觀點理論上很難站住腳，因而草率地確立國內政治體制與國際承諾之間的因果變數關係有失武斷。另外，簡單地從現實主義的觀點出發，認為崛起中的中國為了在國際社會獲得更多的相對權力地位或者投射其權力，必然會打破現有的國際制度安排，這種觀點也是很牽強的。已有的一些經驗研究表明，中國至少在國際經濟制度中的行為，並沒有出現多少違背和超越規則系統之外的異常現象，或者與承諾相背離的出爾反爾的例子。例如，皮爾遜（Margaret Pearson）在《主要多邊組織與中國接觸》一文中的研究顯示，中國在世界銀行和國際貨幣基金組織中就一直擁有很好的信譽。[24]

在我們的研究議程中，既不依據國內政治解釋途徑，也不使用現實

23　Alastair Iain Johnston, International Structure and Chinese Foreign Policy, p.74.

24　〔加拿大〕皮爾遜：《主要多邊組織與中國接觸》，載江憶恩和羅斯前引書，頁269-303。

主義的方法，而是利用國際規範結構的變數，解釋中國對待國際制度的
承諾問題。我們的基本假設和認識是，在中國參與國際制度進程中，國
際規範的力量建構著中國的身分和地位、觀念和利益、預期與行動。中
國在參與國際社會的國際化過程中，國際規範對中國的「社會化」作
用，是解釋中國對國際制度承諾信譽的可行途徑。

第三章　大國治理的中國經驗

第一節 中國為世界和平與發展做出新的重大貢獻

在黨的十九大報告中，習近平總書記指出：「中國將繼續發揮負責任大國作用，積極參與全球治理體系改革和建設，不斷貢獻中國智慧和力量。」多年來，習近平總書記多次在重大外交場合闡述中國關於全球治理的新理念新思想，提出中國解決全球治理重要議題的新方案新舉措，推動全球治理體系向更公正合理的方向發展。越來越多的中國方案從為世界所知到為世界所用，向世界展現了一個社會主義大國堅持走和平發展道路、推動構建新型國際關係和人類命運共同體的抱負和擔當。

一、為全球治理提供智慧

當今世界是一個互聯互通的世界，解決人類共同面臨的難題需要各國攜手合作。正如習近平總書記所說，沒有哪個國家能夠獨自應對人類面臨的各種挑戰，也沒有哪個國家能夠退回到自我封閉的孤島。然而，在全球性議題面前，一些國家或猶豫退縮，或事不關己、高高掛起，有的還出現了孤立主義、反多邊主義傾向。圍繞全球治理方向和途徑的各種方案競相出現，這些方案有的仍抱有傳統零和博弈思維，無法從根本上滿足人類共同發展的需要。中國共產黨圍繞世界需要什麼樣的全球治理、全球治理為了誰、如何推動全球治理改革和建設等重大問題，提出了一系列中國主張和中國方案。

秉持共商共建共享理念。全球治理不是少數國家關起門來討論決定其他國家事務，也不是由少數國家來治理其他國家，更不是少數國家排

他性地享受全球治理成果。習近平總書記在黨的十九大報告中指出：「中國秉持共商共建共享的全球治理觀，宣導國際關係民主化，堅持國家不分大小、強弱、貧富一律平等。」中國主張世界命運應該由各國共同掌握，國際規則應該由各國共同書寫，全球事務應該由各國共同治理，發展成果應該由各國共同分享。全球治理中國方案的基本點就是：各國攜手建設相互尊重、公平正義、合作共贏的新型國際關係，共同構建人類命運共同體。目前，共商共建共享理念正在為國際社會所廣泛接受，成為全球治理的一項重要共識。

完善全球治理體制機制。多年來，中國更加積極主動地參與全球治理體系改革和建設，日益走近全球治理舞臺的中央。中國發起成立了亞洲基礎設施投資銀行、金磚國家新開發銀行、絲路基金、南南合作援助基金、國際發展知識中心等，推進「一帶一路」建設，豐富了全球治理的體制機制。此外，中國還利用主辦北京APEC會議、G20杭州峰會、「一帶一路」國際合作高峰論壇、金磚國家領導人廈門會晤等主場外交的機會，積極推動上述全球治理方案機制化。

切實關注全球治理主要議題領域。在推動全球治理體系變革的同時，中國還在全球治理的主要議題領域提出自己的方案和主張。習近平總書記在多個外交場合圍繞大國關係、經濟全球化、互聯網、環境、海洋、社會安全、極地、外空、核安全、減貧扶貧、可持續發展、文明交流等問題，提出了中國的理解並給出應對之道，形成了由經濟、政治、文化、社會、環境、安全等多層次、多方面內容構成的全球治理體系方案。

二、為國際政治文明進步帶來機遇

圍繞全球治理展開多邊外交，是多年來中國特色大國外交理論和實

踐的重要組成部分。全球治理的中國方案彰顯了中國特色大國外交的風格和魅力，推動了國際政治文明和外交文明的創新發展。

賦予國際關係和全球治理新的價值理念。世界進入了二十一世紀，如果外交理念還停留在舊時代，就會阻礙國際政治進步。當今世界，人類迫切需要培育新的國際政治文明，以克服零和思維、對抗思維、強權思維、勢力範圍思維等陳舊的外交理念。綜合考察全球治理的中國方案，其高舉的和平、發展、合作、共贏等價值觀，同和平共處五項原則精神是契合的，更與當今世界對新國際政治文明的追求是一致的。中國提出國際關係和全球治理新的價值理念，超越了傳統西方國際關係理論，為國際政治文明進步帶來機遇。

統籌考慮國家治理體系和全球治理體系。良好的全球治理依賴於良好的國家治理。中國方案鼓勵各國在自己歷史和國情基礎上探索更好的國家治理體系，為全球治理奠定更好的國家治理基礎。「治不必同，期於利民。」從實踐來看，強行對外推廣某種制度體系的治理方案，非但沒有帶來國家治理的改善，反而製造出不少亂局，進而給全球治理帶來負面影響。中國方案不以改變別國國內治理體系為目的，而是尊重各國人民自主選擇發展道路的權利，維護國際公平正義，反對把自己的意志強加於人，反對干涉別國內政，反對以強凌弱。中國夢與世界夢相通，中國的發展不對任何國家構成威脅。

宣導互聯互通的區域合作。在區域治理模式上，有的國家對周邊國家和其他地區的區域合作奉行分化瓦解的策略。與他們不同，中國按照親誠惠容理念和與鄰為善、以鄰為伴的周邊外交方針深化與周邊國家的關係。中國提出「一帶一路」倡議，其指導理論不是來自西方國家的一體化理論，而是宣導更為務實的互聯互通。一體化理論以建立超國家組織為目標，互聯互通理論則著眼於減少區域合作中的各類障礙。中國的互聯互通理論正日益受到世界關注。

重視承諾和行動。「善學者盡其理，善行者究其難。」中國堅持言出必行的原則，忠實履行國際義務和承諾，努力推動中國方案循序漸進地被外部理解、接受並實施，同時積極落實各國達成的合理治理協定。為了更有效地落實全球治理方案，中國更加重視培養國際組織、互聯互通、執法合作等方面的全球治理人才。正如習近平總書記在黨的十九大報告中所指出的，世界命運握在各國人民手中，人類前途繫於各國人民的抉擇。中國人民願同各國人民一道，推動人類命運共同體建設，共同創造人類的美好未來。

三、為各國共同發展提供新動力

習近平總書記指出，世界正處於大發展大變革大調整時期，和平與發展仍然是時代主題。同時，世界面臨的不穩定性不確定性突出，人類面臨許多共同挑戰。超越舊式國際關係、邁向新型國際關係的正能量正在積蓄。全球治理的中國方案彰顯中國主張，也促使人們思考人類政治文明發展方向，具有深遠意義。

以和平方式推動新型國際關係建設。引導國際關係以和平方式向新型國際關係轉變，是當今世界各國共同的責任。以往在全球治理體系變革問題上，不少大國相互否定、排斥，給全球治理體系變革帶來不確定性。中國關於全球治理體系的改革方案沒有全盤否定已有全球治理體系，而是在尊重現有國際治理規則的同時，積極創設新的治理機制，對全球治理產生重要增益效應，從而為維護國際體系穩定貢獻了中國力量。此外，在全球治理諸多議題領域，中國方案並不是簡單排斥其他國家提出的方案，而是在貫通比較各種合理方案的基礎上提出新方案，使方案更具相容性和廣泛性。中國提出要相互尊重、平等協商，堅決摒棄冷戰思維和強權政治，走對話而不對抗、結伴而不結盟的國與國交往新

路。中國方案蘊含的這種穩妥審慎的國際政治智慧，有利於全球治理體系改革以和平而不是對抗衝突的方式演進。

　　提供新的發展道路選擇。解決和平赤字、發展赤字、治理赤字等世界性問題，需要有效行動，也需要新的理論知識做指導。當前，來自西方的發展和治理知識在解決人類共同面臨的問題上暴露出不足甚至缺陷，而中國方案為全球治理貢獻來自中國的經驗和知識。全球治理的中國方案構成一套具有中國特色同時又有世界意義的知識體系。這套知識體系是中國在長期探索解決自身發展問題以及世界共同面臨問題的基礎上形成的，對不少國家的國家治理以及內外關係處理有借鑑價值。隨著中國方案得到越來越多國家的認可，過去少數國家和地區壟斷發展和治理知識生產的格局也逐漸改變。中國方案給世界上那些既希望加快發展又希望保持自身獨立性的國家和民族提供了全新選擇。

第二節　中國理論的鮮明品格和世界貢獻

每一個時代都有立於潮頭的思想理論，引領人類社會發展。進入二十一世紀，人類發展處於十字路口，全球治理和國家治理遇到諸多難題，其中不乏思想理論上的困惑。隨著中國成為世界第二大經濟體、日益走近世界舞臺中央，中國理論如何回答和解決自身面臨的特殊問題以及人類面臨的共同問題，受到國際社會廣泛關注。在國際比較的視野中講清楚中國理論的鮮明品格及其對世界的貢獻，不僅有利於回應國際社會的關切，而且有利於我們進一步堅定理論自信，更好構建中國特色哲學社會科學理論體系與話語體系。

一、注重開放包容

中國理論的內涵有狹義與廣義之分。從狹義上說，中國理論是指中國特色社會主義理論體系；從廣義上說，中國理論則是指中國哲學社會科學中具有代表性、影響深遠的理論。需要指出的是，中國理論的這兩層含義不是相互對立和相互排斥的，而是相互補充和相互增益的。無論是狹義上的中國理論還是廣義上的中國理論，都具有開放包容的理論品格。這一理論品格不僅具有鮮明的中國特色，而且能夠引領當今世界理論發展的新趨勢。

比較人類幾大文明的認識和思維方式，沒有一種文明像中華文明這樣特別重視開放包容在認識世界和改造世界中的作用。開放包容的品格在中國理論中得到自覺貫徹，體現在中國學者認識世界和分析世界的思

維過程中。馬克思主義中國化的理論成果，就是開放包容的結晶和典範。如果說西方理論的特色是追求片面之深刻，那麼，中國理論的特色則是追求會通之博大。追求片面之深刻，固然可以在「點」上形成較為深入的認識，但容易「一葉障目，不見森林」；追求會通之博大，則可以在不同事物之間尋求共通點和連擊，促進多元主體共生共榮。西方理論大都建立在分析思維之上。這是一種側重於「找不同」的思維，它將世界人為地分割為不同的部分，同時將「不同」視為溝通合作的障礙，甚至以消滅「不同」的方式來追求所謂「秩序」。中國理論則建立在和合思維之上。這是一種側重於「找共通」的思維，它強調在有形的差別中看到無形的連擊，認為「不同」不是溝通合作的障礙，而是溝通合作的機會。中國理論認為世界是一個普遍連擊、融會貫通的整體，主張整體、連擊和動態地看待世界，反對割裂、分別地看待世界。「找不同」的思維看到的世界是別樣的，「找共通」的思維看到的世界則是別致的。

　　這個世界充滿著多樣性和不同。是強調分別割裂還是注重相容並包，反映的是迴異的世界觀。在這個問題上，中國理論與西方理論形成了鮮明對照。後者主張把自己特有的價值、制度變成其他民族和國家必須接受的「普遍真理」，由此在實踐中產生了干涉主義，使得自身與外部世界時常處於衝突狀態，加劇了不同文明之間的緊張和衝突。而中國理論則以相容並包的態度看待多樣的世界，努力在「不同」之間建立有機連擊、實現共生共榮。從現實情況來看，人類不同文明之間的來往還遠遠沒有達到會通的狀態，這也為各種思想理論的交流和發展提供了新的可能。從對會通的強調來看，中國理論實際上是一個開放包容的理論體系。在不同國家和民族之間交往範圍日益擴大的當今世界，能夠在各種看似差異很大的事物之間找到會通之處，這樣的理論視野自然更為開闊、具有更強的相容能力。同時，由於重視會通而不是放大差異，中國

理論也是一種能夠對極端主義思潮進行有效「對沖」的理論。這在當今各種極端主義思潮氾濫的世界上，更顯得難能可貴。

二、注重協商合作

制度和秩序問題是每一種宏觀社會政治理論都要關注的。狹義上的中國理論作為一種治國理政理論，也必然蘊含著制度和秩序理論。從這個層面看，注重協商合作是中國理論的鮮明品格。

中國的制度和秩序理論飽含著協商合作的精神，它強調國家治理的制度體系應建立在統籌協調、協商合作的基礎上，而不是建立在分權制衡的基礎上。分權制衡的制度理論一直是西方社會政治制度理論的主流。這種理論的形成具有西方特定的歷史和國情基礎，然而隨著時代的發展，其弊端也日益凸顯：當制衡變成掣肘甚至對抗時，就會出現「心不能使身、身不能使臂」的問題，導致國內各種政治力量和社會力量群龍無首、相互掣肘甚至對抗分裂。因此，在制度模式的比較和競爭中，協商合作的制度體系相對於分權制衡的制度體系顯現出明顯的優勢。

在世界多極化、經濟全球化、文化多樣化、社會資訊化深入發展的當今時代，各國的社會政治制度理論不僅應關注如何建構國內制度體系，而且應關注本國在全球治理和國際合作中的責任與義務。從這個角度來觀察，建立在分權制衡基礎上的西方社會政治理論只是一種國內社會政治理論，並沒有處理好建構國內制度與增進國際合作的關係。建立了分權制衡制度體系的西方國家由於內部頻繁的相互否決，連帶地削弱了其對國際合作協定的遵守和執行，這與全球治理和國家合作中日益增加的解決共同問題的需求是不相適應的。比較而言，協商合作的制度體系能促進國內政治與國際政治之間的良好溝通，從而保障一國較好地履行參與全球治理和國際合作的責任與義務。人們發現，同注重協商合作

的制度體系打交道要比同強調分權制衡的制度體系打交道具有更強的穩定性和確定性。中國在全球治理中起的作用能夠迅速提升，與其制度體系建立在協商合作的基礎上是有很大關係的。

二十世紀以來的西方社會政治理論，在制度建構問題上陷入機械主義的誤區，過度追求形式主義的制度。事實上，一種制度體系對一個民族和國家是不是管用，並不在於其形式如何精美，而在於其在實踐中是不是能有效地預見和解決問題。制度能否有效運行，既取決於制度的合理性，也取決於人們對待這種制度的態度。機械主義的制度觀片面關注制度的形式，卻忽視了建構與執行這種制度的人。一些發展中國家在從西方借鑑甚至移植制度的時候，盲目追求形式的、機械的制度，而忽視了本國國情及人們的現實需求，導致國家治理體系成為「空中樓閣」，甚至引發族群分裂與社會動亂。制度和人的關係涉及很多內容。例如，在實踐中，國家治理的制度體系必須重視人力資源的組織培訓問題。在這個問題上，中國理論顯示了獨特優勢。近些年來，在關於如何治國理政的國際交流中，越來越多的外國執政黨開始重視考察中國的黨校、行政學院以及政治學習、幹部培訓在國家治理體系和治理能力提升中的作用。

三、注重互聯互通

任何具有國際視野的治國理政理論，都既要解決本國面臨的特殊問題，又要對人類面臨的共同問題做出回答。這就是個性與共性的辯證關係在治國理政上的體現。中國理論自然以解決中國問題為基本著眼點，同時基於人類命運共同體、利益共同體的理念，積極為改革和完善世界政治、經濟治理體系提供中國方案，體現了注重互聯互通的鮮明特色。

中國理論從世界是普遍連擊的這一馬克思主義哲學基本觀點出發，

強調人類是一個逐步走向互聯互通的整體，良好國際秩序應建立在合作互通而不是割裂對抗的基礎上。從國際關係史來看，一旦分權制衡的政治思想或對外推廣國內制度的理念主導了國際秩序頂層設計，就會導致國際秩序走向對抗和分裂。這是西方國家與外部世界關係頻繁出現由多極體系向對抗式的兩極體系轉換的重要原因之一。當今世界治理必須避免結盟對抗的冷戰政治，這是各國共同的政治責任，也是中國大國外交理論的基本主張。過去不少國際秩序理論總是寄希望於通過制衡達到穩定，最終效果都不理想。這就需要人們超越制衡的政治理念，從人類命運共同體、利益共同體的立場出發，思考建構新的國際秩序。

在中國理論看來，合而治之既是國內秩序也是國際秩序的基本原理。世界上很多國家和地區，飽受殖民主義和帝國主義政治理論所宣導的分而治之政策之苦。今天世界各地出現的動盪與動亂，仍然與分而治之的理念與政策有直接或間接的關聯。中國在發展同其他國家和地區的關係問題上，明確主張和宣導互聯互通，強調在彼此之間建立對話夥伴關係，致力於促進更大範圍、更深程度的合作。這就是合作共贏的政治理念。按照制衡的政治理念，人們很難理解中國一直支持自己周邊的東盟國家走向一體化，因為制衡政治理念的出發點就是防止自己身邊出現一個統一、強大的政治體。支持和鼓勵其他國家和地區走合而治之的道路，是中國理論的一個基本主張。

「一帶一路」建設理論是中國理論的重要組成部分，是中國促進世界互聯互通的重要舉措。它本著共商、共建、共享的理念，宣導實現「一帶一路」沿線國家合作的便利化和共同發展。「一帶一路」沿線有很多發展中國家，它們彼此的聯通涉及規劃銜接、基礎設施、政策、經貿、人文等多方面內容。對世界上更廣泛的國家和地區來說，推動互聯互通可以拓展合作共贏的廣闊空間。當前，美國在大力支持和鼓吹其全球化理論，但其目的更多的是向外推廣自己的價值、制度和道路。而中

國從更加務實的角度、從互聯互通入手推動與相關國家和地區的合作，同時支持相關國家和地區實現互聯互通。現在，越來越多的國際人士認識到，互聯互通代表著國際合作的一個新趨勢。未來，隨著「一帶一路」建設的有序推進，互聯互通將日益成為新時期國際政治經濟合作理論的基本理念之一。

第三節 新型大國安全治理新方略

　　黨的十八大以來，習近平總書記圍繞國防軍隊工作、網路與社會資訊化工作、海洋安全、地區安全、國際安全和核安全等一系列講話，系統闡述了在中國綜合國力邁上了一個大臺階，同時國內外安全形勢面臨新的複雜考驗情況下，如何實現人民安康、社會安定、國家安穩、世界安寧的總體國家安全觀思想。總體國家安全觀為新時期中國國家安全治理體系現代化和鞏固國家安全建設提供了指導思想，是中國共產黨治國理政體系的重要組成部分。習近平總書記關於總體國家安全觀的論述是一個系統的整體，概括起來，就是在一個總體國家安全觀思想指導下，圍繞兩個大局進行安全思忖和謀劃，把握新時期安全的三個內涵，在處理好五對關係中，實現國家安全的四大目標，走一條中國特色的大國國家安全道路。

一、「一個指導思想」

　　一個總體國家安全觀指導思想：總體安全觀是世界各大國處理安全問題的基本趨勢，也是安全治理需要走綜合治理道路的需求。總體安全觀強調認識和解決安全問題需要全域思維和戰略思維，針對不同階段面臨安全威脅的輕重緩急和目標的優先次序進行科學的研判和決策，統籌協調各方力量，綜合運用各種手段，有效調動分配各類安全資源，從而形成鞏固的國家安全綜合治理體系。

二、「兩個大局」

　　圍繞兩個大局進行安全謀劃：兩個大局就是要將國內安全與國際安全兩個大局緊密結合起來，看待國家安全治理體系建設。一個國家的安全從來不是與外部世界孤立的，總是因時因勢而變，因地因事制宜，建立在與外部世界關係的認識基礎上的。習近平總書記指出，國際安全是國家安全的依託。沒有一個有利的外部環境，國家的發展和安全就會受到干擾。所謂有利的外部環境，既包括爭取對我有利的外部環境，也包括將外部消極因素轉化創造為對我有利、為我所用的積極因素的能力。當前中國與世界的關係發生了歷史性變化，時空交錯、內外聯動是國家安全議題重要的表現形式，國家安全建設必須要放在國內安全和國際安全兩個大局之下進行思忖和謀慮，搞國內安全工作的要懂國際安全，搞國際安全工作的也要懂國內安全。

三、「三個內涵」

　　把握新時期安全的三個內涵：在中央國家安全委員會第一次會議上，習近平總書記指出，當今世界的安全概念發生著深刻的變化，表現在安全內涵和外延的變化、安全時空的變化、安全內外關係的三大變化上。抓住這三點內涵，有助於我們從總體和綜合角度思考國家安全性質和內容。這三大內涵變化，使得當今安全問題具有新舊疊加、時空交錯、內外聯動的特點。以國民安全為例，二〇一三年大陸出境人次超過一億，而改革開放前近三十年，中國出境人次總和只有二十一萬人次，對這麼大規模的國民出境人次，其人身財產安全的保護就是前所未有的一個新課題；再以經濟安全為例，中國現在是世界上最大的貨物貿易國家，在構建開放性經濟新體制進程中，如何提高抵禦國際經濟金融風險

能力、有效維護海外經濟權益、完善海外投資安全的監管，也是一個新課題；同樣以生態安全為例，生態安全具有很強的空間轉移和隔代轉移的時空交織特點，其治理體系就要有「功不必成於當代」的長遠眼光。

四、「四大目標」

實現四大安全目標：中國特色的國家安全道路，在發展和目標上是實現人民安康、社會安定、國家安穩、世界安寧，概括起來就是在國內建設平安中國，在國際關係中堅定不移地走和平發展道路，努力建設一個和諧世界。這四個「安」是一個相互依存的整體，社會安定和國家安全的根本宗旨是保障人民安康，國家內部人民的安康和社會安定離不開一個和諧共生的世界。今天的世界仍不安寧，和平與發展兩大問題一個都沒有解決，作為一個擁有人類五分之一人口的中國，其自身實現人民安康、社會安定、國家安穩的模式和方式，本身就是對國際安全和世界和平的巨大貢獻。

五、「五對關係」

處理好五對關係：既重視外部安全又重視內部安全，既重視國土安全又重視國民安全，既重視傳統安全又重視非傳統安全，既重視發展問題又重視安全問題，既重視自身安全又重視共同安全，切實做好國家安全各項工作。五對關係不是孤立、割裂的，而是辯證統一關係，核心是在處理安全問題時，要有整體思維、戰略思維、全域思維、歷史思維。

六、中國特色的國家安全道路

中國特色的國家安全道路是在將國家安全的一般治理原理與中國具體國情結合基礎上逐步形成的。例如，從國家安全的一般原理講，中國作為一個大國，必須擁有與其他大國一樣的鞏固的國防和軍隊，但是中國作為一個奉行和平主義的社會主義國家，其安全思想又具有自己的歷史、文明、制度和實踐特色，中國反對黷武好戰，黷武好戰則必衰必亡，但中國不忘戰荒兵，忘戰荒兵必招寇招侵。中國特色國家安全治理體系初步形成了以下幾個鮮明的特點。

第一，黨對國家安全工作的領導是中國特色國家安全道路和國家安全保障的根本和核心。認識中國國家安全治理結構，必須放在中國政治和制度體系座標下，國家安全治理結構不能照搬或者完全參照別的國家。以新設立的中央國家安全委員會為例，其簡稱不能為「國安會」，而應為「國安委」，而且，「國家安全委員會」前面加「中央」兩字，突出黨的領導統籌協調意義。我們不能以議會制國家下的國家安全委員會看中國的中央國家安全委員會結構，也不能以美國總統制下的國家安全委員會來理解中國中央國家安全委員會的運行，中國的中央國家安全委員會必須放在中國制度模式體系下去理解。

第二，獨立自主的國家安全體系是國家安全的最堅實基礎。中國不是一個中小國家，在國家安全問題上不可以依附其他大國；中國是一個處於社會主義初級階段的國家，仍將長期與資本主義國家競爭並存。歷史的正反經驗和教訓使得中國在國家安全保障上不能對外部心存幻想，必須埋頭重視獨立自主的物質基礎建設，包括獨立自主的科技、工業、國防、經濟、金融體系、網路等，將國家安全的主導權牢牢掌握在自己手中。

第三，實現國家安全與世界安寧互補互進是中國作為新型大國的安

全道路特色。中國特色的國家安全道路是有利於世界安寧的道路，它不將自己的安全建立在別國不安全甚至損害別國安全的基礎上，也絕不允許別國危害中國的主權、安全和發展等核心利益。西方的地區國際關係以及對外關係史中之所以頻繁出現國強必霸、強權干涉、以鄰為壑的安全實踐，給人類文明帶來了巨大的災難，根本上在於其慣於將自身安全與他人安全對立起來的零和思維有關。中國作為一個新型大國，致力於從相互依存狀態、命運共同體意識、和諧共生思維、互補互進實踐等方面，破解國家安全與國際安全的二元難題，努力探索出國家安全與國際安全共生的道路。習近平總書記在國內外場合多次指出，國與國關係發展要將心比心，要互諒互讓，彼此照顧對方的安全關切和核心利益，既重視自身國家安全，又要重視與他國的共同安全。

中國作為一個新型大國、社會主義大國，不會走過去一些大國以強凌弱、以大欺小、損人利己的國家安全道路，這是中國根據自己歷史以及世界歷史道路的正反經驗和教訓得出的國家安全新路。中國特色的國家安全道路是世界之福，而不是世界之禍。以人民安全為宗旨，以政治安全為根本，以經濟安全為基礎，以軍事、文化、社會安全為保障，以促進國際安全為依託，這就是一條中國特色的國家安全道路。

第四節　在國際比較中增強中國理論自信

當前，國際社會對中國道路、中國理論、中國制度及中國共產黨治國理政思想與實踐的關注持續升溫。這一動向表明，國際社會對中國的關注已從中國經濟快速增長深入到中國道路、中國理論、中國制度。如何在國際比較中認識和闡發中國理論在人類文明進程中的地位與價值，成為中國思想理論界的重要使命。

一、科學的治國理論應在比較和會通中形成自身特色

人類各種文明形態在發展進程中面對共同或相似的問題，由此積累了許多處理共性問題的智慧和經驗。例如，當今世界大部分國家與中國一樣面臨一個共性問題，那就是實現什麼樣的發展、怎樣發展。而在不同國家促進發展的實踐中，會出現理論表達上的同名異義或同義異名現象。所謂同名異義，如民主政治，名相同，但其實質含義在不同國家的政治建設中有所不同；所謂同義異名，如世界上很多執政黨治國理政的任務和目標大體上是接近的，但相關政治理論詞彙並不完全一樣。

一般來說，同名異義和同義異名現象會阻礙理論交流、對話和溝通。如果沉湎於求異，往往難以在會通中掌握認識提升的要領。但如果從共通的角度對與自身相關的主要理論進行比較，善於發現各種理論之間的互通性，就有助於在開放和交流中汲取對自己有益的理論成果，不斷增強自身解釋問題、解決問題的能力。一種理論越能在比較和會通中

認識同名異義與同義異名現象，就會越堅定地用自己的概念、範疇、方法來表達主張的信心。在這個問題上，中國理論既沒有陷入「全盤西化」的困境，也沒有簡單地排斥西方理論。它科學把握不同理論之間同名異義與同義異名的辯證關係，在開放中保持整體向前的態勢，在汲取、互鑒與會通中不斷實現自身的豐富和完善，並形成了特有的概念、範疇、表述和解釋體系。

二、中國理論彰顯了特殊性與普遍性的有機統一

從國際視野看中國理論，特殊性與普遍性的有機統一是其鮮明特質。中國理論與其他國家的治國理政理論之間既存在共通性，又存在不可共通性，因為任何國家的治國理政理論都來源並扎根於其獨特的實踐。中國理論在回答人類面臨的一些基礎性問題以及本國發展的重大問題上，具有自己的風格和特色。但應指出，強調中國理論的特色和風格，絕不像有些外國學者所說的，是要將其作為「例外主義」理論。「例外主義」具有排他含義，用它形容中國理論是不恰當的。中國理論的風格既不排他也不排外，而是重視在學習、互鑒、相容中保持向前發展的活力。這為其他國家和民族發展符合自身實際的治國理政理論提供了新的參考系。

中國理論由政黨建設理論、政治經濟學理論、民主政治理論、文化文藝理論、社會治理理論、外交理論等相對獨立但又邏輯自洽的部分組成，擁有自己的概念體系、表述體系、方法體系和解釋體系。中國共產黨建設理論既吸收世界政黨建設理論的先進成果，又具有鮮明中國特色。研究中國的國家治理體系和治理能力，最重要的是從歷史、文化、實踐和世界的角度研究中國共產黨。不研究中國共產黨的治國理政思想與實踐，就難以全面、深入地理解中國道路和中國制度背後的理論特

色。就此而言，中國共產黨執政的理論邏輯與多黨競爭體系下政黨執政的理論邏輯自然存在不可相通性。從一定意義上說，這也是中國政黨理論的價值和意義所在。

從政治經濟學理論來說，占世界人口五分之一強的中國不是通過侵略和掠奪他國財富的對外擴張方式，而是通過制度創新和治理體系完善的方式，消化壓力、解決問題，一步一步地實現全面建成小康社會等戰略目標，這是對人類和平發展的重大貢獻。在此方面，中國理論與先前各種殖民主義、帝國主義政治經濟學理論自然存在不可相通性，具有自己鮮明的特色和優勢，符合人類文明發展的主流與趨勢。

從特殊性與普遍性有機統一的角度把握、詮釋中國理論，有助於在國際比較中進一步認識中國理論的特色。在解決人類面臨的共同問題上，中國理論在與其他各種治國理政理論的交流和比較中顯示出比較優勢；在處理自身面臨的複雜和特殊問題上，中國理論在開放和學習中體現出自己的特色和風格。伴隨著國際力量格局變動而來的是國際知識格局的變動，中國理論的概念、方法、範疇和表述能夠為現有的國際知識格局增益其所不足。

第五節　正確認識和使用合法性概念

合法性是一個社會科學概念，較廣泛地使用於政治學和法哲學分析領域，其中，又尤以派生而出的政治合法性一詞使用最多，當然爭議也最大。目前不光是一些翻譯過來的教科書，甚至影響很大的中文門戶網站關於政治合法性概念詞條的介紹都是有選擇性的，基本是使用西方政治學中關於合法性的相關解釋。為此，很有必要對政治合法性概念進行梳理和辨析，以正確認識和使用這一概念。

一、被誤讀的合法性概念

政治合法性是指政黨、政府或者統治者基於價值體系、歷史規律、民心向背、治理績效、國際承認等單個或者綜合因素而獲得的治理國家的正當理由。就此含義來說，政治合法性與正當性、正統性概念的界限又是模糊的，人們在使用過程中往往並不做仔細區分。由於政治合法性屬於一個意識形態範疇的概念，對其基礎和來源的解釋，在不同政治學學科話語體系中自然出現很大分歧。討論政治合法性概念的前提，是人們必須承認世界是一個多元文化、多樣制度構成的世界；離開這個前提，用任何單個地區特色的政治學理論對政治合法性基礎的解釋，來要求和框定其他國家和地區對政治合法性的理解，必然造成政治學理論的內在衝突，不利於不同政治文明的交流互鑒、和諧共生。

一般來說，政治合法性的基本內涵主要包括以下五個方面。

價值體系：對核心文化和價值體系的堅持、傳承和創新是政治合法

性的重要基礎，古今中外這類合法性敘事可能表現在天命、道統、神授、禮制、天下、文明、價值觀等同義異名的表述中。有一種政治理論——例如一些學者廣泛引用的德國思想家馬克斯·韋伯的合法性學說，隱含地假定從傳統而來的合法性是前現代的、落後的表現，這是不正確的。因為即便在現代政治中，世界上許多國家的政治合法性沒有離開也無法離開對文化和價值的堅守和繼承，否則便無法理解為什麼西方政治教科書中廣為流行的言必稱希臘和宗教傳統的正統性敘事方式，反之也可以理解為什麼美國將其在西方世界領導地位的合法性解釋為繼承光大而不是背叛否定了西方文明和核心價值。

歷史規律：世界上不少國家特別是大國，政黨、政府會把對歷史規律的把握作為政治合法性的基礎。關於歷史規律的合法性理論往往是競爭性的，這源於人們對歷史規律理解的差異。例如，在冷戰結束後曇花一現的「歷史終結論」宏大敘事中，政治合法性的歷史規律來源被解釋為「自由」「民主」思想以及建立在這個思想基礎上的政府原理。中國共產黨作為一個馬克思主義政黨，則將政黨的執政生命力建立在對共產黨執政規律、社會主義建設規律、人類社會發展規律的認識和實踐基礎上。在像俄羅斯、印度以及伊斯蘭世界一些國家，其執政黨的政治合法性往往通過文明和國家復興的話語系統予以解釋。

民心向背：民心向背是政治合法性爭議最少的基礎，中國政治傳統中對此論述極為豐富。任何一個政黨或者政權，人民對政黨執政和政府的認可、支持、欣賞和贊許，是政治合法性的民意民心基礎，因而才有「得民心者得天下」「得道多助，失道寡助」之說。

治理績效：政治合法性長遠來說取決於政黨或政府的治理績效，治理績效來自一整套適合本國國情的制度和治理體系，以及應對和解決複雜問題的治理能力。政治合法性概念在這裡實際上同治理的合理性連擊在一起，也就是說政治合法性是建立在國家治理體系和治理能力現代化

的合理性支持上的。

　　國際承認：在現代政治中，政治合法性問題還有一個重要來源，即來自主權國際體系的相互承認。雖然我們不能絕對地說，有些爭取正義力量的民族解放運動，或者取得穩定統治的政府，因為短期沒有得到國際承認就不具有合法性了。在過去非殖民化和民族解放運動時期，有的國家玩弄所謂「承認」問題，阻礙非殖民化和國際關係民主化進程。而在當今主權國際體系已經定型的世界中，有的國家又通過合法性概念來質疑主權國家合法政府並支持和鼓勵主權國家內部的反政府力量，這是違背《聯合國憲章》以及聯合國多個決議、公告、文件的。在外交承認問題上，同洛克政治理論部分有關的羅爾斯的國際法理論，實際上在實踐中正在威脅到主權國際體系的民主、穩定和秩序，國際社會對此是要警惕的。

　　顯然，從以上關於政治合法性概念的一般內容來看，政治合法性是由一整套支持著政黨、政府的意識形態解釋系統構成的。不難看出，認為選舉授權和代議制程式是政治合法性的重要甚至唯一根源，無疑是非常片面和狹隘的，最多只能是學術上的一家之言。德國思想家哈貝馬斯在論述晚期資本主義合法性危機問題時直言不諱地指出，所謂程式不是因為程式模式的正當性而被合法化的，它的背後還是一套意識形態支持系統，也就是資產階級代議制理論和民權學說。

二、從合法性到合理性

　　中國共產黨領導人民取得了民族獨立，建立了新中國，按照憲法和法律依法治國，其合法性是當仁不讓、堂堂正正、實至名歸、毋庸置疑的。如前所述，不同的政治學理論中，都存在對合法性的不同表述現象。中國政治話語體系中對合法性的主流表述是清晰的，也就是：通過

對社會主義核心價值觀的培育和踐行，塑造了政治合法性的價值基礎；通過對中華文明和新中國歷史的連貫性敘事，確立了合法性的歷史一致基礎；通過人民民主的一整套制度安排，奠定了合法性的制度基礎；通過國家治理體系的發展和完善，鞏固了合法性的治理基礎；通過政黨和全體人民之間命運與共的關係，贏得了執政合法性的民意和民心基礎；通過和平發展而不是稱霸擴張的對外關係，擴大了合法性的國際關係基礎。

那麼，為什麼合法性概念還在成為政治學、政治經濟學和法哲學研究的一個選題呢？撇開前面提到的對西方合法性概念的選擇性使用不說，人們在使用這個概念的時候，有時不自覺地將合法性和合理性兩個概念混淆了，也就是把國家治理和發展過程中需要用合理方式解決的問題，過度上升為政治合法性問題。實際上，在任何合法並依法執政的國家，國家治理中碰到的很多問題是解決方式的合理性問題，而不是政治合法性問題。人們不能因為一個國家存在的具體問題，就質疑國家和政府的合法性，也不能整天討論自身合法性問題，製造自我強化的身分危機，如果這樣的話，任何政府都可能陷入無謂爭論而一事無成。

進一步來說，中國共產黨領導人民進行革命建立新中國，就已解決了合法性問題，繼之面對的不是合法性問題，而是在治國理政中，如何努力發展和完善國家治理體系和治理能力現代化這樣的合理性問題。在革命階段的合法性敘事話語，自然轉化為建設和改革階段的合理性話語。這一點其實對聯合國體系中的絕大多數國家同樣適用，也即每一個主權國家政府面對的都是國家治理體系和治理能力現代化的合理性問題，因此，治國理政的合理性而不是政治合法性，才是和平和發展時代政治學的前沿研究問題。

三、正確使用合法性概念

　　除了對合法性概念的準確理解以外，這個詞語在使用中還要照顧到國別政治現實，避免在國際學術交流中引起不快。在國際政治中，合法性有時成為意識形態和輿論鬥爭的一個詞語，被有的國家意識形態化了。有的國家領導人在外交場合不顧基本的外交禮節，公然指責中小國家的政府失去合法性，要其下臺，這種行為著實讓人吃驚。因此，在國際學術交流中需要增強對合法性概念使用的鑒別能力，不能因為別人在用，就將其誤作為國際學術前沿研究議程而照單引進。同時也要注意，輕率地使用這個概念去研究別國合法政府的合法性問題，是冒犯性和不受歡迎的。

　　由於合法性是屬於意識形態範疇的概念，因而應該承認這個概念在不同地區政治中存在多種表述的現象。每個國家特別是大國，應當彼此尊重各自對政治合法性基礎的解釋，不可用自己的標準或者把自己的標準作為全世界唯一的標準，去質疑、否定甚至顛覆別國合法政權，否則，就破壞了國際秩序的底線，侵犯到別國的獨立和自由。

　　最後，在學術研究中，隨便評價別國政治制度的好壞是不適宜的，然而，這並不妨礙我們從學術上對西方流行的所謂「選舉授權產生合法性」的觀點保持必要的學術懷疑，因為沒有獨立的懷疑精神就沒有學術進步。政治學和外交學中存在不少核心概念，外來的有些解釋並非就是學術令箭。合法性概念就是這樣，我們理解和使用這個概念，關鍵不在於人云亦云地停留在別人是怎麼說的，而是我們自己究竟怎麼獨立地理解和表述的，這才是積漸而成中國政治學和國際關係理論體系所要做的重要工作。

第六節　民主的希望和未來在中國

世界上有兩個國家一說民主人們可能會笑。美國現在在國際上一講民主，全世界人都會笑，因為它的民主政治對內對外都出現很大問題，名實不副；一說中國是世界上人口規模最大的民主國家，有些人會笑。為什麼會笑？因為有些人骨子裡認為中國不是民主國家，是西方政治話語塑造下的威權和專制國家。對此，很有必要在實事求是的基礎上對中國式民主政治與美國式民主政治做一對比，以消除人們對美國民主的神化和對中國民主的矮化。我認為不將對別人的神化和對自己的矮化的觀念障礙從我們大腦中拔除出去，我們就不能客觀地探討這個問題，堅定走自己民主政治道路建設的信心和恆心。

一、「吃別人嚼過的饃沒味道」

有人說，美國是民主的老師，中國是民主的學生，學生怎麼敢和老師比？這種以美國民主標準為參照的認識心態本身就是不科學的。中國今天的一些法學、經濟學、政治學、現代化理論、政治發展研究、比較政治研究基本是按照這個套路在研究中國的，即先按照美國民主設定一個標準，然後將中國民主對號入座。這是在別人標準、別人話語體系下研究自己，結果可想而知，總是對自己橫挑鼻子豎挑眼，別人成了審美的對象，自己變成了審醜的對象，長此以往，自己好的東西都會被整容給毀了。所以，比較中美民主，要有不唯上不唯外的態度和精神，此為一。

還有一種錯誤的比較方法是從教條的書本出發，脫離實際和實踐比

較中國式民主和美國式民主。典型的是從美國民主教科書中的概念出發比較中美。此後果有二。一是美國民主教科書中的民主與美國的實際差距太大，完全按照教科書，會導致對真實的美國民主政治的誤讀誤解甚多，忽略了對美國不自由不民主的認識；二是國人如果按照美國民主教科書理解美國，會導致對美國民主的讚揚連普通美國人看了都覺得不好意思。所以比較中美民主，要有不唯書的態度和精神，此為二。

那麼，既然要比較，就得有個標準。這個標準是什麼？就是唯實！世界上新制度模式出來的時候，人們是無法從外來的和舊模式中的概念理解它的。本書拋開許多外來的煩瑣、枯燥、晦澀、教條的民主政治教科書中的概念，結合民主政治的常識和中國政治生活語言，從政治一般原理比較中國式民主和美國式民主。

我認為生活是最大的學問，所有的學問道理都蘊含在普通生活中。看似複雜的政治原理其實就在生活之中，也建立在生活上面。我們不能觀察鮮活的生活，或者將社會生活與所謂的社會科學概念對立起來，是因為我們被強加的概念束縛住了。一旦我們從美國民主政治教科書的概念中跳出來談民主，思想上就會很輕鬆，就會感到很解放；唯有用扎根於本土的鮮活的概念，才能將自己的民主政治講生動。習近平總書記二〇一四年三月在蘭考考察時引用焦裕祿的名言「吃別人嚼過的饃沒味道」，我們研究和探索中國民主政治發展道路，也要有這種精神。

二、中美民主政治的歷史和文化

中美民主政治建立在各自國家的歷史之中。比較中國式民主與美國式民主，有兩個因素影響甚深，一是文化因素，即「和」與「同」；二是歷史因素，即兩國民主政治的奮鬥史的差異。

（一）文化上：美國求「同」，中國尚「和」

中國是一節一節長出來的國家，美國是一塊一塊拼成的國家。中國民主政治精神重「和」，美國民主政治精神重「同」。概言之，美國求同，中國取和。「去和取同」者衰，這句話是《國語》中史伯與鄭桓公論興衰時說的。

美國人善於求同，中國人善於求和察異。高度一致成了美國社會典型的特點，這符合資本主義文明的特點，資本主義來到這個世界上，就是消滅多樣性的；群星燦爛是中國社會的特點。由於是拼出來的國家，美國格外重視認同，國家力量幾乎無處不在，很隱蔽地滲透到各個領域。總之，你一定要同我一樣，不一樣就是異己。

哈耶克的《通往奴役之路》以及奧維爾的《1984》《動物莊園》在國內頗流行，這幾本書都被認為是攻擊共產主義計畫社會的，是對蘇聯共產主義社會的抽象寫照。其實錯了，大家要認真讀並對比美國的話，這幾本書其實是今日美國社會的寫照。至於斯諾登揭露出來的監聽計畫更是駭人聽聞，讓人感到走到哪裡都有一隻一美元紙幣上的眼睛在盯住你，你已經沒有自由了。科學和民主在美國一定程度上成了控制、監控、操縱、標準化別人的工具，而最近的腦科學，讓人恐懼地聯想到遠距離控制別人大腦的後果。由此觀之，究竟是誰在修通往奴役之路呢？

在中文中，控制與專制一字之差。一個如此重視監控、操縱、控制的社會，怎麼可能有民主精神呢？大家再讀一些西方實驗心理學方面的書，讀多了讓人毛骨悚然，人與人之間關係難道像小白鼠一樣，就那麼簡單地化約為試驗和控制嗎？而這種科學在中國社會中是很難發展起來的。所以，美國一定程度上是設計出來的。一個設計或控制出來的社會，一定存在違背人自由精神的東西。有人認為美國是個人主義的社會，其實不準確，美國同樣是個極為重視集體主義的社會。

比較來說，中國是原生地長出來的，是一個大家庭社會，倫理親情都還在。每個中國人，多多少少都受到老莊思想的影響。國家對個人干涉甚少，講「導之」，也講「由之」，所謂「無為」，即為自由。國家始終為個人和社會保留充分的空間，社會因素一直很豐富。這是社會文化基因的差異對真自由、真民主精神培育的影響，它是滲透在生活中的政治文化。一個國家的上層政治，一定是建立在日常生活政治哲學中的。

（二）歷史上：中國爭取獨立，美國尋求擴張

近代以來的世界民主史上，中國對民主的追求和探索有幾點被忽視和輕視了，第一是中國反抗帝國主義壓迫和國民黨專制統治，追求民主建國的歷史；第二是新中國成立以來對民主治國的政治道路的探索。

講民主政治，既要講人民當家做主，也要講國家獨立自主。國家獨立自主是一個國家在國際體系中保障本國人民享有民主的基本前提。一些國家領土上被美國駐軍，按照美國駐軍協定，美國軍人在當地犯罪不受當地司法管轄。你說這個國家的司法還保障本國的民主和自由嗎？

中國人追求民主建國的歷史首先是要從半殖民地半封建體系中獨立出來，自主選擇自己的道路；美國從英國的殖民體系中擺脫出來，也有一部追求民主建國的歷史。但說美國的民主是談出來的，只說對了三分之一，另外三分之二，是在有錢人之間談出來的，同時也是打出來和對外擴張出來的。即便說是談出來的話，主要是在種植園主、工商資本家、金融資本家之間談出來的，而不是在資本家和人民之間談出來的，這點比爾德在《美國憲法的經濟基礎》中說得很清楚。同樣，美國黑人爭取自己的權利，那可不是談出來的，是流血和犧牲換來的，不是別人主動施捨來的。

所以，美國的「談」，與新中國成立時的政治協商會議的「談」完全不同。費孝通先生曾這樣描寫他出席北平市第一次各界人民代表會議

的觀感：「我踏進會場，就看見很多人，穿制服的，穿工裝的，穿短衫的，穿旗袍的，穿西服的，還有位戴瓜皮帽的——這許多一望而知不同的人物，會在一個會場裡一起討論問題，在我說是生平第一次。」

（三）民主政治的群眾基礎

新中國在立國的時候就解決了民主的群眾基礎問題，所以不存在美國後來始終面對的政治擴容問題。美國建國時，沒有解決好民主的群眾基礎問題，其政治發展一直面臨民主的擴容問題。美國當家的是少數人，建國一開始，有錢有勢者就開始主導政治，直到今天仍然如此；美國直到二十世紀六〇年代黑人才擁有選舉權，才實現形式上的人民當家做主，當然這個當家做主其實也就是一票而已。

有人說中國是一個差序社會，其實不準確。中國是一個等序社會，美國是一個差序社會。圍棋中每個棋子都是平等的，但國際象棋中每個棋子是不平等的。前者孕育著更多民主的精神，後者充斥著精英精神，是一個將人分成三六九等的社會，這個社會天生是反民主的，害怕民主的，由此也形成了建立在犧牲弱者和贏者通吃基礎上的自由原則，而這條原則又與民主和平等是衝突的，正在傷害著美國，所以我認為美國將來一定會出現越來越多朝社會主義方向的改革動力。美國不缺資本主義，美國缺的是社會主義。

由於民主的群眾基礎的差異，中國共產黨敢搞群眾路線，約束自己監督自己，通過群眾路線鞏固自己的執政地位，美國兩黨不敢搞群眾路線，一搞群眾路線，其執政地位就沒有了。這是政治的階級基礎的差別導致政治生活的不同。

三、民主政治的經濟基礎

民主政治的經濟基礎應該分為兩個部分考察，一是國內經濟基礎，二是國際經濟基礎。

（一）中美民主的國內經濟基礎有著「公」與「私」的本質區別

講民主政治的經濟基礎，不理解公與私的關係，這個問題就容易混亂。中國人講「天下為公」，資本主義在西方發達以後，講的是「天下為私」。歐洲大陸和英美在公私問題理解上有差異，社會主義思潮在歐洲大陸遠比在美國流行，與歐洲大陸文化仍然存有公的理想有關係。馬克思主義能夠被中國接受並中國化，與馬克思主義中的「公」的思想與傳統中國社會「公」的思想相容有關係。

馬克思主義認為，私有財產制與民主自由平等天生是矛盾的，一個社會越受私有財產制的支配，就越可能走向民主自由平等的對立面。民主在美國異化為錢主，是這個邏輯的自然結果。中國特色民主政治經濟基礎的重要條件是公有制的主體地位，黨的執政和政府的行政是建立在這個基礎上的，人民對黨和政府的信任是因為黨和政府代表著「公道」。中國共產黨執政最講一個「公」字。在中國民間政治話語中，至今仍然會稱政府為「公家」，遇事不解的時候「找公家」。

（二）中美民主的國際經濟基礎有著「共生」與「寄生」的區別

人們談希臘民主制的輝煌的時候，忽視了那些貴族談論的民主其實是建立在對周邊殖民地的剝奪基礎上的。美國民主政治很大程度上仰賴一個寄生的國際經濟體系。反觀中國人走自己的民主政治發展道路，既

沒有也不可能建立一個寄生的國際經濟體系，相反一直致力於建設一個互利共贏的共生國際經濟基礎。馬克思的資本主義政治經濟學，本質講的就是這種制度的寄生性；社會主義政治經濟學，本質是共生性。美國現代化道路是在對外擴張和戰爭的基礎上走過來的，中國現代化道路是在內生制度創新基礎上走過來的，沒有對外殖民擴張的經歷。所以兩種民主政治的國際經濟基礎完全不一樣，其造成的對外行為邏輯也不一樣，前者對外部實施軍事威脅和干涉，後者對外部實施和平共處。

四、民主政治的制度安排

（一）「一中有多」與「一分為多」

任何大國政治，都重視「一」，這是中美兩個大國的共同點。中國共產黨領導下的多黨合作制是一中有多，美國的兩黨制是一分為二，三權分立是一分為三。不管如何，兩國民主政治背後都有「一」，「一」是主，《尚書》中說「天生民有欲，無主乃亂」。中國的民主政治當家做主的是人民，美國民主政治當家做主的是大資本家。

「一」一定要能包容「多」，如此，「一」才能在不斷更新中擴容、相容和變容。「一」既要包容陰，也要包容陽，陰陽合在一起才有一個整體的「一」。「一」如果只包容一面，將另一面推出去，「一」也會不穩固。相當於一個等腰三角形，居頂端的是「一」，「一」必須居頂端，扮演公道和仲裁的角色，其他邊是多。「一」是中，「一」允許爭論，但是不能允許對立和分裂，扮演一言九鼎的角色，在對稱對等中求統一。這是中國民主政治中講的「一」。

美國的三權分立相當於一個不斷變形的三角形，相互牽制，會有顛倒，有時總統很強勢，有時國會占主導，有時司法很獨斷，形分神合，

背後是資產階級專政，不是人民民主專政。所以，其政治重視的是「多」中的制衡而不是仲裁，形成平衡就會有「一」，是對立中求統一。當然，制衡機制一旦失靈和失衡，就會出現現在的美國政府僵局和民主失靈現象。

（二）合與分

外人讀美國民主政治教科書，最容易學到的一個字就是「分」，政黨政治一分為二也好，行政立法司法一分為三也好，或者其聯邦制下的分權也好，表面上確實是分。但美國民主政治中也有很強的集權和合的因素，這是其民主集中制的地方。「9‧11」後美國的集權趨勢就很明顯。許多國家在借鑑美國政治時，由於沒有看到其形分實合的一面，誤以為分是其政治精髓，學了去實踐最後導致國家分裂、政治對立、民眾對抗的結果不勝其數，這是當今世界許多發展中國家的悲劇。

從合來講，美國政治詞彙用的是「共識」，中國政治詞彙是「政治團結」，兩者本義都是「合」。美國人說政治正確，目的在於統一思想認識。中國有人經常說人的思想怎麼能統一呢？其實他沒有看到美國統一思想的技巧一面，美國在統一思想、統一認識方面比中國有過之而無不及。美國的「一」不是談出來的，而是建構出來的。如果求最大公約數，白人正在逐步成為少數。國內也有講「共識」，但是關鍵是要共「中國制度」的識，而不是共別人制度的識，那種共識是在分裂。

從分來講，美國民主政治中的制度表現為權力的分割，中國民主政治中的制度表現為權力的分工。美國民主失靈，與其權力分割有關。從中國社會主義制度本質來講，在中國不存在有組織的利益集團，但是在美國，有組織的利益集團無所不在，國家權力因此被切割成一塊塊，相互制衡，容易形成僵局。資本主義政治經濟學鼓吹央行獨立、司法獨立、軍隊獨立、貨幣獨立，看上去是獨立，但最後的權力被誰收入囊中

了？是大資本家！所以國家最後只能聽資本家的操縱了。

（三）「一屆接著一屆幹」與「一屆隔著一屆幹」的 政黨制度

從政治市場角度看，美國的兩黨制實際上類似市場中的雙頭壟斷現象。其政黨政治看上去是分為兩黨制，但是其本質還是集中與共謀。美國的兩黨政治運作類似可口可樂與百事可樂、麥當勞和肯德基、波音和空客在市場中的雙頭壟斷和價格聯盟行為，但背後都是集中。政治的本質是集中，但集中的方式不一樣。

兩黨政治下的治理特點是「一屆隔著一屆幹」或者「一屆對著一屆幹」。一般認為美國民主制或者民主的特點是多數決定，但是美國民主制度並非多數決定，許多情況下其實是少數獨斷決定，這也是其集權和專制的地方，不太為我們注意。大家知道國際貨幣基金組織中投票機制設計，很巧妙，美國是少數，但是它這個少數永遠可以否決多數。這個我們要認識清楚。「一屆隔著一屆幹」或者「一屆對著一屆幹」，用福山的話說是相互否決體制。但福山說得其實不完整，兩黨經常是相互支持的，互投贊成票。相互支持是常態，相互否決是不正常，就如現在美國政治一樣。所以美國政治現在出現危機。二○一三年美國政府關門就是個例子。所謂經常相互支持，以美國和平演變蘇聯為例，就不是一屆對著一屆幹，而是一屆接著一屆幹，不將蘇聯搞垮誓不甘休。

中國政黨制度的特點和優勢是一屆接著一屆幹，可以避免「翻燒餅」，集中精力持之以恆辦大事辦難事辦急事。在競爭性的國際體系中，一個國家要保持競爭力，政黨制度必須確保要有一屆接著一屆幹的精神，這就是一黨政治的優點。許多發展中國家盲目學西方的多黨制，導致政治生活「一屆隔著一屆幹」，學的是折騰，最後是政治動盪和混亂，錯失了許多發展機會。新中國六十多年的發展奇跡，根本的奧祕其

實在中國的政黨制度。現在許多國家對中國奇跡中國模式感興趣，中國的許多東西都好學，例如重視教育、成熟的官僚體系、試點等，但是唯獨「一屆接著一屆幹」的政黨制度不好學，因為一些發展中國家盲目學西方政黨制度，其制度已經被先入為主地定型了，很難再糾正。從治理績效和能力看，按照中國政黨制度的標準，多黨制恰恰違背了治理常識，更不能視為就是民主政治的唯一標準。

五、「選」與「舉」：中美選舉制度差異

中美兩國都有自己的選舉制度，有同有異。

理論上，美國許多非法移民還沒有公民權，他們有點像現代社會中的奴隸。中國一些學者盲目炒作西方政治學中的「公民」概念，是因為未能理解西方的「國民」和「公民」概念史。在西方，之所以存在國民和公民的區別，是因為西方社會內部始終存在一個隱蔽的「殖民地」地帶，也即不是所有的國民都能享受公民的政治權利的現象，例如美歐的海外領地、黑人和非法移民等。這個問題要是擺在國籍法的歷史下看就會很清楚。英美的國籍法長期將國民分成三六九等，不是所有的國民都是公民，只有公民才享受完全的政治權利，所以頻繁存在爭取公民權的運動。

而新中國的國籍實踐和《國籍法》，國民和公民的概念是互用的，根本不存在國民和公民的區別。國家是人民的，人民怎麼還會分三六九等呢？怎麼還有過去英國國籍法說的臣民呢？所以，中國民主政治的土壤與美英不一樣。

由此觀之，就選舉而言，美國民主政治還沒有在其所有國民中做到一人一票，不斷存在擴容的壓力，因為一些人只是國民而不是公民。這與西方的政治史有關，西方政治史中始終存在一個內外關係緊張，其政

治史經常假設只有文明的西方人才配擁有政治權利。

同時，看美國的選舉制度，要將選和舉分開看。大家看到更多的是海選，或者媒體刻意為大家展示的熱鬧的海選，但「海選」只是表面，實質是「內舉」，表現為提名制。

美國是個重精英的差序社會，美國也重視籠絡和收買人才，這點必須承認。美國的選舉給人感覺是全民持股，每個人都有投票權，人人都很重要，人人也都不很重要，真的在開董事會的時候，一個普通的小股民根本是沒有能力左右董事會的。相反，分散的小股民卻極容易被操縱。

選舉關鍵在「舉」，美國兩黨全國黨代會推選出候選人是最關鍵，也是最容易被少數人操縱的，真正到後面全國性大選的時候，選民只能在兩個中選一個了。美國投票率下降，體現了選民對這種選舉程式的厭惡和疲勞。

此外，美國國家機構中很多關鍵崗位不是選出來的，老百姓根本沾不上邊，而是直接舉出來的，如關鍵的政務官、大法官、美聯儲主席等，都是背後妥協直接提名內舉的。所以，美國的「舉」有很大的封閉性。美國民主政治教科書和外人常以為美國政治系統很開放，其實那是表面，美國政治系統其實也有很封閉的一面，核心職位不對圈外人開放，常常是落後的家族制與世襲制。

中美兩國的選舉制度都有競爭性的特點。中國人理解的選舉，是不論出身，將出類拔萃者層層選拔出來，擔任合適的崗位，個中強調的是「競德競能」，「德」是為人民服務，「能」是有勝任崗位的能力；美國的選舉強調「競錢競德競能」，錢不用說了，「德」是符合大資本家的統治，所以美國第一流私立大學培養的學生格外重視「德才兼備，以德為先」。

中國選舉制度是在一個開放系統中選拔。中國官員任職有年齡限

制，美國官員任職沒有年齡限制，最近提名任命的駐華大使鮑卡斯，我一看他年齡，按照中國選舉的開放標準，根本就沒有機會再做大使了。年齡限制是個硬槓槓，保持了人才體系的活力和開放性，為他人提供了更大的空間。中國的選舉制度與傳統社會選賢任能的科舉制有一定的連續性。所以，晚清時美國傳教士丁韙良曾將中國科舉制視為最民主的制度，並不為奇。丁韙良生活的時代，正是美國政黨分肥最明目張膽的時期。

許多發展中國家只看到美國選舉制度表面的選，學回去以後搞無序選舉，最後導致社會政治動盪，也就是西式民主進口以後給當地帶來災難。西方對外的民主教科書把是否海選作為民主政治的重要標準，主觀上也誤導其他國家政治「精英」。中國大陸的聰明和智慧，恰恰在於看穿了西式民主選舉制度的缺陷，堅決拒絕這種亂選。按照中國選舉制度標準，那一套恰恰違背了治國理政的基本政治常識。

六、中美民主政治下的責任

（一）公道政府的責任與私道政府的責任自動豁免機制

人們一般認為美國是小政府大社會，其實這個說法是誤讀，美國也是大政府、強政府。這點從美國政府預算在國內生產總值中的比例就能看出來，這麼大的開支怎麼說它是小政府呢？美國政府廣義上講是一分為多，表面上看政府很小，但是隱蔽在後面的政府很大，經常是強勢政府。

二戰後隨著美國對外擴張，政府權力之高大一直居高不下。但美國也是一個找不到人負責的國度，老百姓關鍵時候找不到當家的，兩黨政

治輪流執政可以將責任推卸，官員辭職很頻繁，扔下一個爛攤子走人。不僅在國內，在國外把一個小國搞亂了以後撒手走人的例子也很多。這是兩黨輪流執政導致的責任自動豁免機制。金融危機後人們找不到負責的人。美國槍擊案事件中人們也找不到責任人，人們只能將矛頭轉移去怨槍支協會，老百姓有冤無處申。你可以說這是其政治設計巧妙的地方，但也可以說是其政治設計欺騙性的地方。

而在中國，有事找政府，雖然有時也會出現無人負責、互相推諉的現象，但不管怎樣，政府為百姓解決問題的意願和能力很強。美國政治學和公共管理中最近冒出一個詞叫「回應性政府」，國內也借過來了。要說「回應性政府」，中國人認為這是政府的天職，是不言而喻的，用不著造這個詞來概述政府，所以真正的回應性政府在中國。

因此，責任觀的不同，導致政府和人民一個是「魚水關係」，一個是「油水關係」。

「找政府」「找公家」，是中國老百姓政治生活中的典型思維方式。這與中國政府是公道政府有關。中國一旦出現槍擊案，老百姓首先埋怨執法不力，守土不盡責，政府迅速做出回應。美國不會怪員警，但會推卸給槍支協會。在中國，政府和人民是一家的。設想有一天，老百姓什麼事都不找政府、不找公家了，那時的中國社會會是什麼樣呢？那時的老百姓會怎麼樣？至少我覺得那是冷冰冰的社會。

在中國，許多事情都是你中有我，我中有你，無法分開，也分不開。個人、社會、政黨、國家緊密地糾纏在一起，是個命運共同體，用俗話說是「斬不斷、理還亂」。這使得中國政府一直在想辦法幫助老百姓解決問題。政府這種責任意識在於政府是人民的，政府和人民是一家的。而美國斬得斷、理得清，所謂「是上帝的給上帝，是政府的給政府」，人民對政府也沒有太多感情。

比如，卡特琳娜颶風來的時候，美國的官員卻跑去度假了，這要在

中國，絕對會被就地免職；而當歐巴馬的醫保法案在利益博弈中走向難產時，中國政府卻持續在做訪貧問苦、公共政策托底、社會救助、促進就業的工作——在中國，這不需要博弈，這是政府的天職，也是執政黨的天職。

（二）追責制度與責任的隔代轉移

美國當然也有追責制度。但在美國談論責任追究時，經常會出現一種怪像：在你要責怪民主黨的時候，執政的是共和黨，在你責怪共和黨的時候，執政的是民主黨。美國的這種責任自動豁免或者隔代轉移的制度設計很巧妙，也很具有欺騙性。但是它有一個致命的後果，就是代價向後代的累積。我們看其債務危機，實際上也是這個邏輯的結果。

有人說，美國政治設計中這麼多巧妙的治理「智慧」為什麼我們不學呢？我要反問的是，為什麼我們要學呢？它的移花接木玩魔術似的欺騙性，我們是不是要學呢？我覺得不能學。中國自古以來的政治講的是「正」和「公」兩個字，政不正，政不公，很危險。我們的政治是人民的政治，學這些東西欺騙人民，偏離了共產黨立黨為公、執政為民的指導思想。而且中國老百姓都很聰明精明，一眼就能看穿美國政治設計的欺騙性：「別和我來虛的。」設想一下，如果中國老百姓生活在美國的民主制度下，中國老百姓可能早就造這個制度的反了。

責任上的差異，也導致中美對腐敗和反腐敗理解的不同。如果一個社會的法律都規定賣淫販毒合法化了，一個社會怎麼可能有賣淫販毒罪呢？腐敗也一樣，如果一些腐敗行為合法了，怎麼可能有腐敗和反腐敗呢？美國的「旋轉門」政治和「內舉」制度將腐敗隱性地合法化了，許多腐敗都符合法律程式。

七、民主政治下的科學決策

科學決策是任何民主制度都需要解決的問題，由此也產生好民主與壞民主。好的民主政治一是有能力和動力解決問題，這是「立」，二是有能力和動力發現問題，這是「預」。

中國民主政治下的決策表現為廣泛聽取不同意見，在協商包容中集中；在美國，執政者可以不聽取也沒有必要聽取不同意見，只聽不取的現象很多，兩黨政綱政策不一，使其更難包容異見，經常排斥異見。中國是在包容、擴容中求統一，美國是在對立對抗中求統一。兩黨政治的現實會將不同意見放大，並且通過放大不同意見來強化身分和陣營，只有走極端才能確立自己的身分。

這很容易強化社會對抗。美國兩黨在二十世紀一度都在向中間政策靠攏，以克服對抗式決策的弊端，但現在對抗性現象又出現了，這就是當今美國的政治僵局，以致美國一些人開始討論美國政治制度改革問題。對立思維或者兩黨制下的邏輯是最不能包容不同意見的，一黨制下特別是公道政黨和政府下更能夠包容、相容、擴容。

迷信西式民主的人認為中國民主政治沒有糾錯機制，這也是誤解。協商、信訪、集體學習、巡視、調研、到群眾中去等，都是保證中國民主政治下科學決策的制度性依據。有人將其概括為「中國式的縱向民主」。比較下來，倒是美國民主政治下的糾錯機制經常失靈，美國政府和國會要糾華爾街的錯就做不到。

八、民主政治與外交

國內民主政治制度的不同，導致中美兩國外交邏輯的不同。西方有種理論認為西式民主制度不對外戰爭，這種理論連他們自己都越來越不

信；還有種理論說美國民主制使其更遵守國際規則，中國民主制不遵守規則。這在邏輯和經驗上都站不住腳。按照中國民主政治標準來比較，西式民主政治制度設計更容易導致對外專制性干涉和戰爭，中國的民主政治是和平發展的民主政治。這個問題怎麼比較？其實看看核心指標「對外專制性干涉」就清楚了。

中國在其現代化道路中沒有加害於人，美國在其現代化道路中加害於人的地方太多。從這個意義上說，中國崛起不會有來自外部的思想和精神負擔，而美國衰落必定產生很大的來自外部世界的思想包袱。外交道路的不同，根子在國內民主制度的差異。

美國民主制度縱容對外干涉，這與其民主政治寄生的國際經濟基礎、選舉制度、政治系統的封閉、二元對立思維、利益集團政治、責任豁免機制、私道政府等，存在千絲萬縷的連擊。美式民主政治更守國際規則嗎？不妨看看小布希對國際法的態度，他有句名言：「國際法？我得打電話叫下我的律師……我不知道你說的國際法是什麼意思？」美國在外交中另起爐灶，破壞國際規則再立國際規則是出了名的。

而面對美國債務違約問題，美國有個有名的歷史學家叫尼爾・弗古森，說自大蕭條以來美國就一直沒有違約過。不了解歷史的人很容易被其蒙蔽了。其實，稍微熟悉國際經濟史的人都應該知道，一九七一年美國停止各國用美元兌黃金的舉措，本身就成為世界經濟史上最大的違約和不守規則事件之一。

美國國內法中有個著名的「後法優先」原則，也即美國簽署的任何國際條約都可以被美國後立的國內法所否決，儘管美國憲法規定國際法應該在國內自動適用。

讓人詫異的是，不知從什麼時候開始，媒體惡意炒作「中國不守規則論」，卻沒有去講到底是誰在不守規則。美國民主政治在外交上的不民主和不遵守國際法，在這次克里米亞問題上被普京抓住了辮子，所以

美國不敢拿國際法對俄羅斯說事，只能失語。

毛澤東同志說，「國際上的事情大家商量著辦」；周恩來同志說過，中國人講和平共處，不對外侵略和搞殖民，根子在於被國內制度限制住了；鄧小平同志說，「中國人說話算話」；江澤民同志和胡錦濤同志在國際上反復宣導國際關係民主化；習近平同志在歐洲訪問的時候說，中國人走和平發展道路，一個原因是我們在制度設計上也是這麼做的。中國社會主義現代化道路沒有加害別人，根本原因是中國民主政治制度的和平屬性。所以對比兩種民主政治不僅要在國內政治中比，也要在外交行為上比，這樣優劣利弊會更清楚。

九、民主政治的希望和未來在中國

本節主要用生活中的政治語言比較了中國式民主政治與美國式民主政治。我認為比較的起點和標準，是不能在別人的政治話語體系下講自己，而應努力做到在自己政治話語體系下，將別人轉化過來講別人；比較的方式是平等基礎上既有察同，也有比異；比較的目的是為了讓我們更清楚地看到自己民主政治道路的價值；比較更不是為了輸出自己的民主政治，西方人把輸出民主和干涉他國打扮成一種天定責任，而中國人歷來將不干預視為一種政治美德，輸出民主政治的事中國人不能幹。

民主政治作為治國理政的方式和工具，人類古已有之。現代人講民主，古代只追溯到古希臘，近代只追溯到歐美，是不確切的。「民主」這兩個字只是個名詞而已，就其內容而言，自有人類社會以來即有之。我們研究「人」這個問題時，不能因為這個人名字叫「山姆」或「約翰」，就說人的歷史是從「山姆」或「約翰」開始的，或者「山姆」和「約翰」就是「人」的唯一樣本。人類幾大核心文明圈，早期的時候都有對民主政治的求索，這些民主資源構成了第一代民主，即多樣多元的

民主求索道路。資本主義民主理論充其量也只是第二代民主，這代民主雖非一無是處，但現在問題不小，它在內部出現失靈，對外推銷的時候出現滯銷，同時一些國家不信它的邪，堅持走自己的民主政治道路，對其進行反傾銷，將其從普世的祭祀神壇上硬推了下來。今天的世界無論是各國國內治理還是全球治理，都需要探索一種新型民主理論，可以稱之為第三代民主政治理論。

世界上認認真真在搞真民主政治的國家不多，中國算一個。許多國家對西式民主已經失望了，美國民主政治本身也正在變得沒有理想，除非進行政治改革。而中國人對自己的民主道路求索充滿著理想、幹勁和希望，並收穫著成果。為發展和升級民主政治，讓民主政治回歸社會主義的本質，中國可謂一代代人在接力奮鬥，此一努力也讓人看到民主政治理論的曙光。

第七節　不斷推進社會主義協商民主

習近平總書記在慶祝中國人民政治協商會議成立六十五週年大會上的講話指出：「社會主義協商民主，是中國社會主義民主政治的特有形式和獨特優勢，是中國共產黨的群眾路線在政治領域的重要體現。」這一重大判斷，深化了我們黨對社會主義協商民主的認識，豐富了中國特色社會主義民主政治理論體系，為在新的歷史條件下不斷推進社會主義協商民主提供了基本遵循。

一、協商民主是中國社會主義民主政治的特有形式

協商民主是在中國共產黨領導下，人民內部各方面圍繞改革發展穩定重大問題和涉及群眾切身利益的實際問題，在決策之前和決策實施之中開展廣泛協商，努力形成共識的重要民主形式。協商民主是中國社會主義民主政治的特有形式和獨特優勢。

協商民主植根於中華大地。一個國家行之有據、行之有效、行之有恆的制度，總是扎根於深厚的國風民情土壤之中。協商民主，是人民民主的重要實現途徑，是由中國共產黨人和中國人民在對中國傳統優秀政治資源進行創造性轉化和對馬克思主義民主政治理論進行創新性發展基礎上所創造出來的。習近平總書記在慶祝中國人民政治協商會議成立六十五週年大會上，全面闡述了中國協商民主扎根於中國本土的五個政治資源，他指出：「協商民主是中國社會主義民主政治中獨特的、獨有

的、獨到的民主形式，它源自中華民族長期形成的天下為公、兼容並蓄、求同存異等優秀政治文化，源自近代以後中國政治發展的現實進程，源自中國共產黨領導人民進行革命、建設、改革的長期實踐，源自新中國成立後各黨派、各團體、各民族、各階層、各界人士在政治制度上共同實現的偉大創造，源自改革開放以來中國在政治體制上的不斷創新，具有深厚的文化基礎、理論基礎、實踐基礎、制度基礎。」

協商民主與選舉民主相互補充。談到民主，有些人往往只講選舉民主，不講協商民主。選舉民主當然是一種重要的民主形式，但不是唯一的民主形式，事實上在國家治理上搞得好的國家，沒有一個是單純依靠選舉民主的。僅有選舉民主而沒有協商民主，民主往往會流於形式。「履不必同，期於適足；治不必同，期於利民。」各個國家在治國理政中，實現民主的形式是豐富多樣的，不能拘泥於一種刻板的模式，更不能認為只有選舉民主這一種民主形式。習近平總書記深刻地指出：「人民是否享有民主權利，要看人民是否在選舉時有投票的權利，也要看人民在日常政治生活中是否有持續參與的權利；要看人民有沒有進行民主選舉的權利，也要看人民有沒有進行民主決策、民主管理、民主監督的權利。社會主義民主不僅需要完整的制度程式，而且需要完整的參與實踐。人民當家做主必須具體地、現實地體現到中國共產黨執政和國家治理上來，具體地、現實地體現到中國共產黨和國家機關各個方面、各個層級的工作上來，具體地、現實地體現到人民對自身利益的實現和發展上來。」人民通過選舉、投票行使權利和人民內部各方面在重大決策之前進行協商，盡可能就共同性問題取得一致意見，是中國社會主義民主的兩種重要形式。協商民主可以彌補選舉民主的不足，它將協商、參與的權利全面貫徹到決策前後、管理層級、監督過程之中，有效減少了票選政治重投票輕過程的弊端。

中國政府的「性格」就是協商和商量。在中國社會主義制度下，有

事好商量，眾人的事情由眾人商量，找到全社會意願和要求的最大公約數，是人民民主的真諦。毛澤東同志說過，「國家各方面的關係都要協商」「我們政府的性格，你們也都摸熟了，是跟人民商量辦事的」「可以叫它是個商量政府」。習近平總書記指出，「涉及人民利益的事情，要在人民內部商量好怎麼辦，不商量或者商量不夠，要想把事情辦成辦好是很難的。我們要堅持有事多商量，遇事多商量，做事多商量，商量得越多越深入越好」。在人民內部各方面廣泛商量的過程，就是發揚民主、集思廣益的過程，就是統一思想、凝聚共識的過程，就是科學決策、民主決策的過程，就是實現人民當家做主的過程。這樣做起來，國家治理和社會治理才能具有深厚基礎，才能凝聚起強大力量。

二、社會主義協商民主理論是人類政治文明發展的最新成果

習近平總書記指出：「中國共產黨人和中國人民完全有信心為人類對更好社會制度的探索提供中國方案。」協商民主作為中國制度體系的重要組成部分，和中國制度體系一起共同反映了新中國為人類政治文明所做出的開創性貢獻，也在世界上把中國社會主義民主政治理論推到一個新的高度。

協商民主在國際比較中彰顯了中國特色社會主義民主的制度優勢。當今世界，許多欠發達國家和發展中國家政治生態的顯著特點之一，就是頻繁出現政治極化、政黨對立、社會分裂、民族分離、宗教對抗等現象，嚴重困擾著這些國家的治理體系和治理能力建設。與此形成鮮明對比的是，中國特色社會主義制度無論在國際橫向比較還是人類政治縱向發展中，都展現出獨特的優勢，其中協商民主因為能克服上述弊端，深化了人們對人類政治文明發展方向的認識。在協商民主中，協商於決策

之前和決策之中，既尊重多數人的意願，又照顧少數人的合理要求，使這種廣泛商量的過程，成為實現人民當家做主的過程。正如習近平總書記所指出的，「在中國共產黨統一領導下，通過多種形式的協商，廣泛聽取意見和建議，廣泛接受批評和監督，可以廣泛達成決策和工作的最大共識」。隨著協商民主制度的進一步豐富、發展和完善，以協商民主為重要內容的中國特色社會主義民主政治在民主制度的國際比較中，愈加彰顯了我們的特色和優勢。

協商民主為國際政治文明發展提供了新方向。協商民主既是中國特色社會主義民主的重要實現形式，也是中國為推動國際政治文明發展、構建以合作共贏為核心的新型國際關係貢獻的中國智慧、中國方案。中國政府一貫主張，國際上的事情由各國商量著辦。習近平總書記多次指出，現在，世界上的事情越來越需要各國共同商量著辦；應該由各國政府和人民共同商量來辦。當前，國際關係正在發生帶有新的歷史特點的深刻變化，如何建設以合作共贏為核心的新型國際關係，推動構建人類命運共同體，成為國際社會共同關注的問題。在國際事務的處理上，中國堅持國家不分大小、強弱、貧富，都是國際社會的平等成員，凡事「商量著辦」，這是互諒互商的協商民主精神的真實寫照。世界上許多熱點難點問題，動輒以武力和制裁方式處理，不是各國和諧共處之道，也無法真正解決問題。因此，世界各國要弘揚共商、共建、共享的理念。中國是這麼說的，也是這麼做的，比如共商已經成為「一帶一路」倡議的核心理念之一。

三、不斷推進社會主義協商民主廣泛多層制度化發展

習近平總書記指出：「我們要切實落實推進協商民主廣泛多層制度

化發展這一戰略任務。」「社會主義協商民主，應該是實實在在的、而不是做樣子的，應該是全方位的、而不是局限在某個方面的，應該是全國上上下下都要做的、而不是局限在某一級的。」推進社會主義協商民主，關鍵在於推進社會主義協商民主廣泛多層制度化發展。

推進社會主義協商民主廣泛多層制度化發展，就要始終堅持黨對協商民主建設的領導。黨的領導是中國特色社會主義最本質的特徵，推進社會主義協商民主，必須始終堅持、不斷加強黨的領導。要充分發揮黨總攬全域、協調各方的領導核心作用，建立健全黨領導協商民主建設的工作制度，建立黨委統一領導、各方分工負責、公眾積極參與的領導體制和工作機制，確保協商民主建設沿著正確方向有序高效地開展。

推進社會主義協商民主廣泛多層制度化發展，就要用好黨的群眾路線這一重要法寶。黨的群眾路線和社會主義協商民主都是中國共產黨的獨特創造，兩者之間存在著密切的有機連擊，黨的群眾路線是社會主義協商民主的靈魂，協商民主是黨的群眾路線的機制保障和制度化體現，從制度上保障黨的群眾路線落地生根。群眾路線是中國共產黨在革命、建設、改革各階段的制勝法寶，中國共產黨發揚群眾路線的優良傳統，在民主政治的實踐中創立了政府資訊公開制度、聽證制度、民主懇談制度、信訪制度、領導接待日制度以及網路民意調查制度等；在基層自治領域形成了村民會議、村民代表會議、居民會議、居民議事會、社區論壇、集體協商制度和勞動懇談制度等，將協商民主由國家層面推進到社會層面。

推進社會主義協商民主廣泛多層制度化發展，就要構建程式合理、環節完整的社會主義協商民主體系。要繼續加強政黨協商，積極開展人大協商，扎實推進政府協商，進一步完善政協協商，認真做好人民團體協商，穩步推進基層協商。二〇一五年，中共中央印發《關於加強社會主義協商民主建設的意見》，就以上層次的協商民主建設提出具體的指

導意見和工作部署，成為指導社會主義協商民主建設的綱領性檔。在政黨協商層面，要積極探索規範政黨協商形式，完善民主黨派中央直接向中共中央提出建議制度，加強政黨協商保障機制建設；在人大協商方面，深入開展立法工作中的協商和人大代表在履職過程中的協商；在政府協商上，探索公布協商事項目錄，增強政府協商的廣泛性，完善政府協商機制；努力提高人民政協協商民主制度化、規範化、程式化水準；圍繞新形勢下黨的群眾工作，完善人民團體參與各管道協商的工作機制，組織引導群眾開展協商；在基層涉及人民群眾利益問題領域，探索和推進社會組織協商及鄉鎮、街道、行政村、社區、企事業單位協商，等等。

推進社會主義協商民主廣泛多層制度化發展，就要積極探索創新，讓人民群眾感受到社會主義民主政治的真實性和具體性。要通過各種途徑、各種管道、各種方式進行廣泛協商，建立健全提案、會議、座談、論證、聽證、公示、評估、民意調查等多種協商形式，切實做到涉及全國各族人民利益的事情，在全體人民和全社會中廣泛商量；涉及一個地方人民群眾利益的事情，在這個地方的人民群眾中廣泛商量；涉及一部分群眾利益、特定群眾利益的事情，在這部分群眾中廣泛商量；涉及基層群眾利益的事情，在基層群眾中廣泛商量。

第四章　大國治理的中國方案

第一節　讓世界了解中國制度

中國正在探索並實踐一條史無先例的和平發展道路，與這條道路自洽的制度體系也在漸進而成，並已成為人類政治文明的重要組成部分。新中國成立六十多年來，在中國共產黨領導下，中國確立了中國特色社會主義制度，包括人民代表大會制度的根本政治制度、中國共產黨領導的多黨合作與政治協商制度的基本政治制度以及公有制為主體、多種所有制經濟共同發展的中國特色社會主義基本經濟制度等等。

但是，對於中國特色社會主義制度體系，不要說國外老百姓不太了解，即便是我接觸的許多專門研究中國政治和外交的國外學者也不甚了了。西方主流媒體向來認為它們的制度才是全世界最好的，當然不會對其老百姓來講中國制度；西方的主流社會科學也是有強烈價值導向的，根深蒂固地要將中國納入它們的概念體系來解釋，成為被其解釋的對象。因此，不管在我們的公共外交還是人文交流中，很有必要主動自覺地將中國特色社會主義制度作為一個重點，理直氣壯地對外進行宣講，敢於對外界講解中國的制度。

首先，要將中國特色社會主義制度寫進供留學生使用的政治教材中，讓外國人學會用中國的制度概念來研究中國政治和外交，而不是簡單套用三權分立、競爭性政黨制度、選舉制度、私有產權制度等西方制度運行邏輯來研究中國政治與外交。我所碰見的一些外國學生和學者也希望有這樣的中國制度教材體系幫助他們從中國本身出發來了解和研究中國。在對外交流中，將這類教材翻譯成外文固然有必要，但更重要的是要與國家的漢語語言戰略結合起來，用凝練、準確、通俗的漢語來撰寫，對國外研究中國問題的學人起到語言學習和知識習得兩全的效果。

第二，國際學術交流中要敢於講自己制度的特點、優點甚至制度的比較優勢。例如，中國經濟的成功有很多因素，但中國制度的比較優勢功不可沒。現在有的經濟學觀點將改革開放以來的經濟成果完全歸結為「自由市場經濟」，而忽視中國的政治制度因素，這是片面的；也有觀點將發展中由於機制不善導致的問題上升為制度問題，對諸如此類偷梁換柱的敘事方式，在中外學術交流中是要做辨別的。

第三，公共外交中要學會將抽象的中國制度融化到小故事中，介紹給外國聽眾。例如，《國家中長期教育改革和發展規劃綱要》就是科學民主決策的範例，其制定經過了調查研究、起草論證、公開徵求意見、審議完善四個階段，據統計，綱要自啟動到正式頒布，先後在境內外召開不同層面、不同類型的座談會和研討會一千八百餘次，直接參與調研、座談、討論的海內外專家和各方人士有三點五萬餘人次。在文本面向社會徵求意見期間，起草組先後召開各類會議近三百次，進行了四十多輪大的修改，前後修改四百多處，社會各界提出四百六十多萬條建議。這是科學民主決策的生動體現。類似的中國民主的細節很多，值得用心整理，對外宣傳。

中國特色社會主義制度是相互銜接、相互連擊、獨立自洽的制度體系。二十一世紀是多樣文明共同發展、交相輝映的世紀，各種文明都在探尋自身面臨的複雜問題和人類面臨的共同問題的解決之道。中國的制度也在處理這類問題中不斷自我改進和完善，作為人類如此龐大人口群體政治實踐的結晶，中國的制度值得讓世界上更多的人去了解和理解。

第二節　為多極世界謀規則

　　大國需要在新型國際關係建構上起表率作用，首先應當帶頭放棄冷戰思維，廣集民智，汲取歷史中正反兩方面的經驗，致力於探索新型大國關係管理模式，推動並推進世界從不和諧向和諧發展。

　　多極化是二十世紀七〇年代國際關係發展的一個趨勢，多樣性是人類文明格局的基本形態。中國是國際關係多極化的宣導者、支持者和推進者。四十多年來，在包括中國在內的許多國家和國際組織共同推動下，多極化進程經歷了「在曲折中發展」「加速發展」「日趨明朗」的發展階段。多極化世界雖未定型，但是，如何為即將定型的多極世界探尋規範和規則，為多極世界提供必要的穩定機制，已經成為擺在世界面前的一個突出議題，也是中國參與多極世界塑造必須在理論上有所準備的一個迫切問題。

　　歷史上的一個反面經驗至少使這個問題變得極為重要，那就是，歷史上超過五個單位的多極世界，最後幾乎都宿命式地向對抗性的兩極演變，有時甚至釀成慘烈的世界大戰。因此，今日形成中的多極世界是否受歷史邏輯的支配，抑或我們要在智力上有所突破，避免舊歷史邏輯的限制，奮力走出一條新歷史道路出來，這著實考驗著人類的智慧。

一、現有理論的解釋

　　目前討論單極世界和多極世界的理論資源主要有以下幾種。霸權穩定論認為單極世界更穩定，多極世界更不穩定，不平衡的多極世界最不穩定。這套理論是為美國霸權服務的，其追求意識形態的普世性、國際

事務裁判的專斷性、霸權充當世界員警收取穩定租金的正當性。歐洲的地區國際關係長期呈現多極的特點，難有一個國家可以完全支配歐洲事務，因此，歐洲的理論集中從均勢和制衡角度，探討多極世界的穩定機制。實際上，均勢和制衡並沒有為歐洲帶來和平，即便是歐洲經常引以為豪的「百年和平」（指拿破崙戰爭後的1814年到1914年第一次世界大戰爆發的一百年和平）時期，戰爭和殺戮仍然不絕於歐洲政治。而且，歐洲的多極力量最後幾乎都宿命式地向對抗性的兩極發展，並演變為慘烈的世界大戰，這個教訓是需要今人吸取的。新近流行的權力轉移理論，認為崛起中的國家與衰落中的國家很難避免衝突，並以此來預示中美關係走向。總體上，主流的西方理論並沒有為世界探討出一個可以和平發展的多極世界穩定理論。進入二十一世紀以來，中國提出和平發展理論，二〇一一年以來，中國還進一步提出新型大國關係概念，用以指導並試圖探索出一條中國與諸大國關係和平發展的道路。

中小國家在多極世界的思考上也不乏智慧，在大國關係之外尋求不結盟運動，就是中小國家的努力之一。

二、歷史的經驗

大致看來，歷史上關於多極世界穩定機制的探索有以下幾種。第一，均勢制衡。早期的歐洲思想家將國與國互動類比為自由市場運行，認為國家間關係中同樣存在一隻看不見的手，這只「看不見的手」就是均勢制衡，它可以像自由市場經濟運行原理一樣，自動調節國家間關係，使國家間關係達到穩定和平衡狀態。第二，大國協調。前提是大國之間存在共同利益以及默契，涉及任一大國利益的事務必須經過大國協商來解決，改變大國平衡格局的任何行為都應受到抑制，任何國家的侵略行為都應受到其他所有國家的反制。大國協調除了表現在十九世紀上

半期歐洲國際關係中以外，還體現在國聯和聯合國的集體安全制度設計思想中。第三，一體化或大一統。歐洲人在歷經多次大戰以後，決定以一體化方式解決歐洲多極政治存在的風險。其與兩千多年前中國以大一統來結束列國爭霸政治的方式雖殊途，但目標卻有同歸之處。第四，相互否決機制。以歷史上各種兩大陣營對抗為表現形式，例如十九世紀晚期逐步醞釀出的協約國與同盟國集團，二十世紀二、三〇年代分化出的盟國與軸心國，以及冷戰時期聯合國安理會內美蘇的相互否決現象。

三、「羅爾斯規則」還是「費孝通規則」

一個多極和多樣世界的交往規則是什麼？我概括了兩種交往規則，一是「羅爾斯規則」，另外一個是「費孝通規則」。多樣、多極世界要形成良好的對話和溝通，需要逐步超越「羅爾斯規則」。

什麼是「羅爾斯規則」呢？簡單說，就是「自由世界」有權依據自己的評判標準合理正當地干涉所謂「非自由世界」內政。暫且不論有關「自由世界」與「非自由世界」的劃分標準是否站得住腳，這種高尚的理論在實踐中成為許多弱小國家的墓誌銘，為人詬病不少，其派生或相互配合的普世價值論、民主輸出論、民主和平論、歷史終結論、保護的責任等，在實踐中導致無數對外專制性干涉行為，造成了嚴重的「干涉後人道主義災難」，這一點已經在南斯拉夫、科索沃並正在利比亞、敘利亞等地輪番上演著。在一個多極世界中，這種羅爾斯式的二元對立思維一旦占據支配地位，只會將一個多極世界引向歷史上對抗性的兩極政治中，危害世界和平。遺憾的是，這種危險性和危害性並不完全為各國知識界和決策界所清醒地認識。弱小國家在霸權專制和壓制下噤若寒蟬，而形成中的多極世界中的關鍵力量，若為世界和平發展所謀慮，則需要達成超越羅爾斯規則的共識。

共識的一個可能聚焦點，是對「費孝通規則」的理解上。費孝通提出的多樣多元文明共存的十六個字，也即「各美其美，美人之美，美美與共，天下大同」，是多樣文明世界的共生之道和多極世界的共處之道。多樣性意味著差異，大國及各國要探尋一種在差異中的相處之道，從不和諧走向和諧，尊重差異、尊重他者之類的共同價值觀就很重要。歐美的一些後現代主義理論以及跨文化溝通理論，不乏與「費孝通規則」契合的地方，所以「費孝通規則」並非只是中國特色，其內在含義也與文明發展的需求是一致的。「費孝通規則」要成為新型國際關係的支配準則並非易事，這套國際關係道德準則要真正有效，還需要大國儘快行動起來，將這套準則通過教育內化到各國的國民教育體系中，形成真正有力的道德自律。尤其重要的是，全球媒體報導更需要摒棄討伐式的「羅爾斯規則」，在互相尊重和欣賞的「費孝通規則」上形成報導的價值共識。

四、選舉民主制度存在局限

　　與多極世界國際關係中國家的行為道德有關的第二個問題，是在他我關係的處理上。在利害問題上，有四類他我關係的處理方式：一是損人不利己；二是損人利己，例如以鄰為壑的貿易政策、新舊殖民主義等；三是利己不損人，英國的艾德蒙‧柏克曾經擲地有聲地說：「只要對自己有利而又不傷害他人，這個就可以大膽地去做！」這種個人自由觀念從孤立的個體意義上並非沒有道理，但是這種個體行動一旦置於群體之中，後果很難預料。斯密以來的西方政治經濟哲學，基本上建立在這個假設基礎上，但其未能料及的一個結果，就是人們經常困惑的理性的個體行動總和導致非理性的集體後果現象。現代社會的許多問題，與其不無關係。個人也好，國家也好，行動一旦完全為此所支配，難免會

出現孔子所說的「民免而無恥」現象。

因此，很有必要將克制和節制的美德引入到國際關係中，這就是第四種他我關係處理方式，不妨以惠己耘人稱之。惠己耘人的行為道德並非高不可及，經濟生活中越來越受人們鼓勵的社會責任企業，實際上是在弱化贏者通吃的企業規則，探索平等互利的經濟生活。在國際關係中，惠己耘人的國家行為道德的養成，一依賴於相互監督、平等互利的國際制度，二仰仗於國內制度的改造，將他律、自律、互律機制嵌入國內制度。之所以強調國內制度改造，是因為建立在領土基礎上的選舉民主制度，在全球化時代已經進入到一個困境，也即這種制度經常以損人利己並且是所謂「合法」的方式，縱容著對外轉嫁危機和壓力行為，從而讓其他國家民眾承擔本國國內成本。因此，從國與國關係層面上說，或者從內外政治統籌的角度看，流行的選舉民主制度還不是建構惠己耘人的和諧國際關係的最好國內制度，因為這種制度將對內的責任與對外的不負責任分離開來，極易並且經常製造著國家間紛爭。一個實行選舉民主制度的國家在涉及他國利害的公共政策辯論時，由於他國被排除在政治系統之外不能進行合理的權益維護，從而經常導致弱國為強國所宰割的現象，這不能不說是封閉的選舉民主制度的致命缺陷所在。總的來看，西方流行的民主理論在這方面並沒有形成重大學理突破，仍然停留在傳統民主理論層次，這是惠己耘人的國際關係難以確立的國內制度根源之一。現在是各國學者從國際秩序和全球治理意義上，用力反思以西式民主理論為代表的第一代民主理論的時候了。

五、探索新型大國關係相處之道

人類現在處於歷史選擇的一個關口，站在兩條道路的抉擇點上，一條是和平發展、和平共處、和諧共生的道路，一條是帝國主義、霸權主

義、新殖民主義、強權政治的道路。世界政治有可能退回到舊國際政治的無序混亂中，也有可能邁向新型國際關係的有序發展道路上。

新的多極世界一定是多樣文明相互學習、相互進取的時代。各國的事情由各國人民做主，各國之間的事情由各國商量著辦，全球性的事情由各國團結協作來辦，應當逐步成為國際關係基本議事和行事準則。其中，大國需要在新型國際關係建構上起表率作用，首先應當帶頭放棄冷戰思維，廣集民智，汲取歷史中正反兩方面的經驗，致力於探索新型大國關係管理模式，推動並推進世界從不和諧向和諧發展。

第三節　中國與國際體系：尋求包容性的合作關係

一、中國與國際體系互動的啟示

中國與國際體系的互動是一九七八年以來中國內政外交展開的一個重要軸心。對這一互動進程的方式和結果，國內外存在各種不同的看法和觀點，概括起來，有這樣六種。第一種觀點是崩潰論，認為中國與國際體系的互動（特別是加入世界貿易組織後）會對中國國內意識形態安全、政治制度、經濟體制、社會結構產生侵蝕性效應，最終導致中國的崩潰；第二種觀點是威脅論，認為中國一旦挾自身龐大的規模進入國際體系，將會從根本上改變國際體系中既有的運行規則和規範（也即國際制度），對國際體系產生破壞性影響；第三種觀點是以融促變論，主張通過將中國納入國際體系和國際制度，逐步促進中國走西方式民主化道路；第四種觀點是脫鉤論，認為參與國際體系使中國越來越受制於外部力量而失去獨立性，國內強大的民族主義壓力會迫使中國選擇退出國際體系，重新回到封閉狀態；第五種觀點是相互變進論，認為對國際體系的參與有助於中國國內的改革和進步，而中國堅持獨立自主和平發展道路的模式本身，也會以自身進步的經驗促進國際體系發生創造性變革；第六種觀點與第五種觀點相似，即和平發展論，強調中國走和平發展的道路，維持與國際體系的合作性關係符合中國與世界的共同利益。

上述觀點各有支持，其中前四種觀點隨著中國與國際體系關係在不同階段的變化而時有起伏，均產生一定範圍的影響，但都不能完全、準

確刻畫中國與國際體系關係的全貌。總體上看，在過去的三十多年中，中國作為一個崛起中的大國，始終致力於並維持了與國際體系的包容性合作關係，這一進程儘管偶有波折，但合作是中國與國際體系關係的主流。

　　為什麼中國在過去三十多年參與國際體系的進程中，沒有出現前四種觀點所預測的結果，而是維持了與國際體系的合作關係？有四個因素很重要，這四個因素既有國內的，也有國際的，有制度的，也有觀念的。第一，中國堅定不移地執行對內改革對外開放的政策，中國國內在改革開放上存在高度的共識，在參與國際體系的認識和實踐上，維護自由貿易反對保護貿易，接受合理國際制度的約束而不是在國內政治中予以抵制，承認國際社會廣泛的共同利益而非僅僅強調國家利益，支持對市場必要的國際國內監管，反對市場凌駕在任何力量之上，重視協商談判而不是武力至上，強調文明對話而不是誇大文明衝突。第二，二十世紀八〇年代以來的全球化與市場經濟的擴展，與中國社會主義市場經濟體制的建設具有契合性，兩者的配合為中國與國際體系的交往提供了利益和市場基礎。當然，兩者之間的差異也可能為中國與國際體系的關係帶來不確定性，對此後文再做闡述。第三，主要國家的國內政治與國際體系維持合作而非對抗的關係，各國對多邊主義、互惠、開放貿易方面的國際制度的共識大於分歧；全球化為各國創造的共同收益機會，抑制了各國內部的保護主義力量，促進各國國內政治給予開放國際體系以支持。第四，全球性問題的緊迫性上升，人類共同利益感加強。需要各國集體行動才能解決的全球性問題在各國政治議程中相對上升，使意識形態和政治制度不同的國家可以撇開國內政治分歧，在國際層面協調行動。

　　這四個因素雖不是全部，但卻是維持二十世紀七〇年代末以來國際合作以及中國與國際體系包容性合作關係的重要因素。以上四個因素至

關重要的共同點，是國內政治與國際體系保持合作而非對抗狀態。不是所有大國的國內政治都能與國際體系保持合作狀態，也不是在全球經濟中影響力最大的國家其國內政治與國際體系的關係就一定是合作性關係，兩者是否合作可以通過許多指標反映出來，包括：國內法與國際法產生衝突時，是否更傾向於接受國際法的約束；合理國際制度在國內的批准和執行程度；對外貿易和投資的相互依賴高低；國內市場的進入難易和開放程度；對非同質文明和意識形態是否寬容和尊重；是否存在自我約束機制，評估國內公共政策的國際負效應等。

中國與國際體系的互動，對中國的國家發展和國際體系演變帶來了歷史性的影響。概括起來，這些影響有：第一，中國的發展利益與國際社會的利益相互包容，不可分離。尤其是中國海外利益的延伸和擴大，促使中國的內外政治前所未有地結合在一起，中國的問題史無前例地需要放在內外政治統籌的背景下去思考，內外政治的高度協調，使「脫鉤論」既無現實基礎，可能性也微乎其微。第二，在認識層面，與國際體系的良好互動，還帶來中國的世界意識的復蘇，即從傳統比較局促的地域意識，向寬廣的世界意識轉換。世界意識與傳統的天下意識是有區別的。過去的世界意識是樸素的天下意識，在時間和地理上都存在很大的局限性，導致「天下之大只有中國」的狹隘意識；今天的世界意識則是在更大的地理空間和時間維度上思考中國與世界的前途，從過去樸素的天下意識，從當前的民族復興意識，創造性地向更為開放和包容的世界意識轉化。有了寬廣的世界意識制高點，中國的內政外交才具備在更大格局下展開的可能。第三，中國的工業化和現代化道路沒有採取對外擴張和殖民掠奪的方式進行，這在五百年人類現代化史上是個奇蹟，沒有文化的和平屬性和社會主義制度自我約束的優點，是解釋不了這一和平進程的。第四，中國在參與國際體系進程中，並不謀求主導國際體系，也不試圖打破國際體系，中國本身是以和平方式，從體系外國家轉變為

體系內國家，從國際體系的參與者轉變為國際體系改革的貢獻者。中國通過更為主動、也更為進取的態度，發揮自己在國際體系建制、改制、轉制過程中的作用。第五，中國模式構成人類現代政治文明的組成部分，其中所蘊含的發展經驗和制度文明，為國際體系中新興國家和後進國家的現代化道路提供了新的參考。

二、轉型期國際體系面臨的問題

在過去三十多年中，國際體系以及中國與國際體系的關係經受過一些事件的考驗，包括蘇聯解體，中國在一九八九年發生的政治風波，美國在二〇〇一年發生的「9‧11」事件，歐盟內部一體化和反一體化力量的此消彼長，南北問題特別是不發達國家的國家能力建設不足導致頻繁的國家失敗現象，尤其是二〇〇八年金融危機以來，國際政治生態出現了一些微妙的變化，這些變化在我們思考未來十年或者更長時間中國與國際體系的關係時，值得注意。

第一，保護主義以及帶有內向傾向的觀念力量在一些國家的國內政治中有所上升，全球化與反全球化、一體化與反一體化、自由貿易與保護主義、國際主義與民族主義力量之間的對立有所強化，短期來看，沒有任何一方力量可以占據絕對優勢，但後面一類力量的活躍增加了國際體系走向內向和封閉的可能。與金融危機之前相比，支持開放國際體系的國內力量在許多國家受到削弱。趨於內向的政治力量在一些國家表現為活躍的政治保守主義、日益抬頭的貿易保護主義、自我中心的問題解決思維、對來自新興國家競爭能力的擔心和警惕、對多邊合作和國際組織的抵觸以及信任的降低。受制於國內議題的壓力，尤其是發達國家比較普遍的政府財政危機，各國在國際層面採取集體行動的意願下降，解決全球性問題的動力有所削弱。從世界政治經驗來看，走向封閉的國內

政治無助於全球問題的解決，不利於國際合作的開展。在國際體系中發揮重要穩定作用的大國，更需要將內外政治統籌起來考慮政策制定，而不能完全從自我立場出發尋找全球公共問題的解決之道，以避免國際體系走向封閉。

第二，建立在物欲擴張和利潤最大化基礎上的資本主義市場經濟制度（尤其是英美市場經濟模式）受到批判和質疑。國際監管和國內監管的呼聲上升，脫離國際和國內監管的市場再次被證明會危害國際和國內秩序。另外，在危機狀態下，監管型政府成為比較普遍的國內選擇。國際社會長期忽視對跨國公司、國際壟斷企業、跨國金融資本的監管，過快的全球化與必要的監管力量之間出現不平衡。國際體系在形成配套的國際制度對跨國資本和跨國企業進行有效的監管方面，存在明顯缺陷。金融危機以來，更為強調社會責任的社會型企業（social enterprise）模式開始受到鼓勵。人們對監管達成共識，對社會型企業的發展前景寄予期望，但是這種訴求遭到那些建立在財團力量基礎上的國內政治制度的強有力抵抗。

財團—軍事—政治權力相結合的國內制度，是國際體系和國際秩序的威脅。國家權力控制在財團手中的政治制度，其擴張性要遠遠甚於財團力量馴服在國家權力下的政治制度。對一些具有世界性影響的國家來說，其政府的國際責任與國內責任嚴重失衡，而在國際體系內，則缺少必要的國際制度對政府公共政策域外負效應進行評估、干預和監管。三權分立制度暴露出在國際交往中責任的推諉現象，政府的國際政策變得難以捉摸、不清晰、不確定，是全球集體行動低效的國內根源之一。許多國家內部改革由於堅固的利益集團阻礙，幾乎寸步難行，創新和進步力量受制於社會僵局，這種局面既削弱了國際協調和集體行動的國內支持基礎，也降低了國際集體決策在國內執行的效率。

華盛頓共識暴露出貪婪的、不受節制的資本力量對國內秩序和國際

體系產生的破壞性影響，建立在私有財產競爭觀念基礎上的模式，是不可持續的人類秩序模式。隨著市場至上主義意識形態的減弱，世界思潮出現更為多元多樣多變的特點，發展中國家在發展模式上出現更多的選擇，識字率的提高和資訊的擴散，帶來發展中國家文化自覺、自主意識的增強，「去西方意識形態」的社會思潮影響力在擴大。中國模式在政治、經濟、社會、對外關係方面的制度文明，越來越受到國際社會的重視。西方對中國未來成長擔心的不只是物質力量的積累，更深層的是中國成功背後的制度和文化，可能對過去幾百年來西方組織國際秩序的價值信條以及由此衍生的軟實力所產生的挑戰。

第三，在國際體系內，中國開放的社會主義市場經濟與一些國家內部保護主義力量之間的摩擦，中國以公有制為基礎的強大的國有企業的海外經營，與西方以私有制為基礎、但與國家權力緊密結合在一起的跨國企業之間的磨合，變得敏感。

市場經濟制度是人類經濟生活的基本組織原則。按照市場原理來組織經濟生活，在近代資產階級革命之前不同的文明區域內，都曾盛行。現代西方經濟學教科書一直將市場經濟與私有財產權緊緊拴在一起，認為沒有私有財產權就沒有市場經濟，甚至沒有私有財產權就沒有經濟增長，其實，兩者的結合只是資產階級革命以後的事，例如，在東方社會的漫長歷史中，市場經濟與公有財產觀念長期並存。資產階級革命在內外政治領域產生了兩大結果，一是內部確立私有財產權神聖不可侵犯的原則，二是確立暴力壟斷機構民族國家，用以在內外政治中保護私有財產權。在主張私有財產權至上原則的民族國家內部或者它們之間形成的「國際體系」中，法律——廣義的國內制度和國際制度——的重要功能之一是保護私有財產權。所以，私有財產權與市場經濟制度連擊起來只是近代資產階級革命以後才流行起來的。此制度安排對近代國際體系產生了一個重大影響，也就是財產私有造成的彼我對立、競爭和衝突，廣

泛出現在人與人之間、人與政府之間，以及政府與政府之間。有一種觀點認為，以私有財產權為基礎的市場經濟體制之間會自然產生國際和平，這就是冷戰結束後緊隨「民主和平論」而流行的「市場經濟和平論」思潮，這種觀點在經驗和邏輯上至今都找不到最有力的證據，儘管斯密以後的絕大部分西方經濟學流派一直致力於論證這個觀點。

在世界政治和國內政治中，中國接受市場經濟一些普遍的原則，但是中國的市場經濟是公有制為主體、多種所有制混合的市場經濟體制，它一方面為中國與國際體系的合作奠定了基礎，但是，另一方面，它與工業化民主國家私有制為主體的市場經濟體制存在本質區別，這又為現在和將來中國與資本主義國家體系間的關係埋下了不確定的因數。經濟制度的本質區別，還帶來政治制度上的根本不同。概而言之，人類政治經濟制度一直在國家與市場、政治與經濟之間尋找平衡，一個極端是政治被經濟或者國家被市場所綁架，此制度安排是近代以來西方政治經濟運行的主軸，它雖能保持利潤導向的創新，但是又有循環性的創造性毀滅現象；另一個極端是政治控制經濟、國家左右市場，過去社會主義國家的計劃經濟，即滑向這一端，其結果是導致經濟和社會活力喪失殆盡。居中或理想的狀態，應該是政治不被經濟俘獲，國家權力和社會領域不被資本控制。中國的社會主義政治體制和市場經濟體制一直試圖在尋找居中的平衡，但始終避免國家權力為資本所俘獲，這也是它與資本主義市場經濟制度本質性的區別所在。

一個更為開放的國際體系，需要接受多樣市場經濟體制的現實，而不是強調對立和排斥。國際體系改革完全按照中國的社會主義市場經濟體制來規範，並不可能，同樣，國際體系完全排斥、不承認中國的社會主義市場經濟體制規範，也不現實。中國與國際體系的關係向這兩種體制的任何一個方向發展，都會導致現今國際體系發生重大變革，對國際秩序產生革命性的影響。因此，中國與國際體系在市場經濟體制規範上

需要相互寬容、理解和尊重，國際體系特別是其中的一些西方國家，需要接受中國在市場經濟體制上的制度文明。

第四，國際制度改革的需求越來越強烈。當前，國際社會在國際制度的缺陷和改革上存在共識，但是在改革的範圍和方向上存在分歧。國際制度的結構性缺陷，成為新興大國特別是中國發揮積極作用的障礙，表現在：新興國家承擔的國際責任與其在國際制度中享受的權利之間存在不平衡，新興國家在國際經濟中的影響力與其在國際經濟制度中的代表權之間存在不平衡，少數大國缺乏節制的行為與國際制度相應問責機制的缺失之間存在不平衡，文明多元性和發展模式多樣性的現實與多數國際制度宣導的單一意識形態和發展模式之間存在不平衡。

國際制度是國際體系有效持續運轉的基礎，國際體系的轉型無不是從國際制度建制、改制、轉制來完成的；國際制度改革的範圍、內容和方向，直接涉及當下國際體系形態的走向。短期看，既有的國際制度還沒有做好充分接納新興力量的準備，這就使得國際制度內的守成力量和國際制度外的創新力量形成競爭，周邊的創新力量沒有大到取代制度內守成力量的地步，制度內守成力量也沒有衰落到願意更多接納創新力量的地步。金融危機促使兩種力量的競爭表面化了。各國對待國際制度的態度，出現了三種可能性：首先，國際社會在國際制度改革上出現集體不行動，最終導致成員逐步退出現有的國際制度，從依賴多邊集體決策回到依賴國內政治決策軌道上。這是最壞的一種可能，因為這種情況意味著國際體系面臨崩潰。其次，在不徹底變革現有國際制度的前提下，立足周邊和新興國際制度建設，賦予新興國際制度以權威和功能，以漸進方式形成對現有不合理國際制度的替代，逐步促使現有不合理國際制度的邊緣化。這是較為可靠和可行的雙軌制增量改進方式。再次，國際社會對現有國際制度改革的內容、方向、步驟存在共識，並能採取集體行動。

第五，美國作為現有國際體系穩定器的不確定性，導致人們對其扮演穩定角色的信用的可靠性產生疑問。美國在冷戰結束時喪失了重要的改革機會。今天，美國一個國家的軍費開支史無前例地占到全球軍費開支的百分之五十，在最近一次軍火貿易中，美國與沙烏地阿拉伯簽署了單筆近八百億美元的買賣。是什麼樣的所謂內部民主制度使一個國家可以維持這麼龐大的軍費開支，對外使用或威脅使用武力，並且在國內不受約束地得以將如此一大筆軍火賣給一個國家？政治學家和經濟學家對此諱莫如深！顯然，美國的民主制度已經給不了我們這個答案了。美國的第二大不確定性是財政問題。筆者不是金融問題專家，但是有一個問題也許我們每個人都會去問：這個國家如何解決國家、社會保險、企業和私人龐大的債務問題？有種流行的看法是美國的制度具有強大的自我恢復和創造能力，因此美國能夠步出危機。當然，這種看法不是沒有道理，但是其邏輯上的缺陷在於它是建立在美國永遠正確的前提下，只要美國是正確的，而且總是正確的，那麼其任何國內問題都可以迎刃而解。用兵和財政是理解資本主義國家的兩把鑰匙，財政危機長期不得其解，其後續效應將是連鎖性的，必將衝擊到美國現有軍事體制的融資機制（聯盟體系），甚至衝擊到一直被視為完美的美國國內民主制度基礎。

三、國際體系轉型與中國的貢獻

當前國際體系處於第二次世界大戰結束以來最深刻的轉型期，這次國際體系轉型的內容和方向，關係到二十一世紀的世界政治狀態。以現在的認識局限，世界政治中可以確定和展望的現象有以下幾點，在以下可預見的確定條件下，轉變發展方式不僅僅是一個國家的問題，而是一個世界性問題。

第一，人類資源和環境限制的確定性。根據聯合國估算，到二〇五〇年，全世界人口總數會達到九十億；在一九四五年的時候，全世界人口大約是二十億；到二〇一〇年，人口已達到七十億。在過去幾十年中，世界糧食產量總體呈現增長趨勢，這也是過去幾十年世界繁榮的一個重要基礎。但是，世界糧食產量不可能只有增長沒有波折，設想人口聚集區糧食產量出現連續下降，或者人口聚集區出現連續多年的極端氣候，其對政治與社會的含義是什麼？

第二，更多的國家加入工業化進程，更多的人口參與到城市化過程中，而現行的工業化模式以及建立在工業化基礎上的制度，很難提供八十億至一百億人口狀態下的生存解決方案。在二戰結束以來的近七十年裡，躍居發達國家生活水準的非西方國家屈指可數，世界上百分之二十的人口占有百分之八十的財富，換句話說，假如百分之五十的人口都過上現在百分之二十人的生活，自然資源是支撐不了這種無止境的需求的。

第三，教育的普及以及文盲率的降低，帶來文化的覺醒。按照現在新興國家的發展速度，預計全世界中產階層的規模到二〇五〇年將從現在的百分之十五上升到百分之四十左右。發展中國家政治獨立、經濟發展和文化自覺運動將進一步削弱西方幾個世紀以來在非西方世界確立的價值和文化優勢。國際社會中的文化交流和文明對話的天平，在向有利於非西方世界、有利於中國的方向傾斜。

第四，全世界治理能力不足的國家有近六十個，大部分國家不是國家力量太強，而是太弱，西方式選舉政治的簡單移植不是強化了國家能力，而是削弱了國家能力。自十七世紀以來的幾波發展浪潮，根本上沒有改變世界貧富的不平衡差距，這也凸顯了發展議程的重要性。隨著人類對不可再生資源的消耗，到二〇五〇年左右，那些依賴單一資源出口的、經濟結構單一的國家可能會成為資源枯竭型國家。疾病、瘟疫、災

難、糧食短缺、水資源匱乏、資源枯竭等均可成為挑戰許多國家政治穩定和社會秩序的因素。資源枯竭型國家和制度創新能力衰減的國家的出現，還將帶來已有城市和文明中心出現轉移的可能。

第五，現在的國際制度、國內政治制度、企業組織和社會組織還沒有出現突破性革命，以適應資源日漸稀缺和環境逐漸惡化的挑戰，國際制度和國內制度需要共同改革，以探尋持續發展、持久和平的內外社會秩序。現今流行的建立在私有財產權基礎上的民主制度、建立在追求利潤最大化基礎上的公司治理結構、建立在依附資本基礎上的社會組織，強化了國際國內不平等現狀，且依賴國際國內不平等來維持這類制度。二十一世紀人類持續發展、持久和平的秩序模式，僅僅依賴現有制度內的維持性創新已經不夠，必須對現有制度進行突破性創新。

推動國際體系向更為包容的方向發展是國際社會的共同任務。在二十一世紀，要保持一個有活力、能包容、可持續的國際體系，國際體系的轉型需要考慮四個問題。首先，多元。二十一世紀的國際體系面對一個主體性意識更強、文化上更為自覺、發展道路更為多樣、行動上更為進取的新興國家群。一個均衡的國際體系，在國際制度改革上要適應多元文明、多樣發展道路、多種市場經濟制度的現實。其次，法治。以國際制度與國內制度的連擊和溝通為核心，加強國際制度的他律約束機制和國內制度的自律約束機制建設。在全球化時代，各國國內公共政策的外部負效應越來越明顯，而國際社會對一國政策的域外負效應或者其主動對外轉嫁危機的政策往往束手無策，一方面，國際制度的他律約束機制經常遭到國內政治的蔑視、抵制和反對，另一方面，大部分國家特別是具有世界影響力的國家，其國內制度往往缺少自律的約束機制，以評估本國公共政策可能的外部負效應。因此，僅有國際制度還不夠，有效的國際制度需要自我約束的國內制度的配合，這點應該是邁向更為法治的國際體系改革的核心。再次，民主。少數國家決定世界事務的想法和

做法已經過時了，國際關係的民主化是當代國際關係發展的潮流，國際體系的轉型和改革需要體現更廣泛的代表性，既要考慮更多中小國家，也要考慮越來越多的非國家行為體；既要考慮包括發達國家的公益性社會組織，也要更多地吸收來自發展中國家的公益性社會組織。代表性除了考慮政治權力和經濟實力因素，也要考慮地域、文明等因素。民主的國際體系還必須考慮有效性，許多國際制度之所以在國內政治中遭到蔑視，是因為其有效性不足。最後，發展。國際體系轉型要適應解決全球發展不平衡和實現可持續發展的雙重目標。在過去的六十多年中，國際開發和援助類的國際組織在發展中國家的工作陷入誤區，是為當地謀發展還是推行西方政治制度，定位不清；對許多發展中國家來說，簡單照搬西方選舉民主，帶來的不是善治和秩序，而是為當地社會埋下分裂與碎片化的種子。發展議題面臨的迫切問題是，需要通過已有的和新建的國際組織，將精力真正集中到幫助治理能力不足的國家培訓人力資源、改善基礎設施、強化政府管理、提高自主發展能力上來。民主與發展是相互支持的，民主和發展的模式也是多樣的，國際社會需要總結過去幾波現代化浪潮的教訓，將發展作為二十一世紀世界政治和全球治理議程的核心。

　　國際體系的改革與轉型具有階段性、長期性、多變性和複雜性的特點。推動國際體系的和平轉型，促進國際體系向民主、法治、公正、包容方向發展，是中國與國際社會的共同利益。中國堅持在和平共處五項原則基礎上，在國際上走互利共贏、和平發展的道路，是國際體系和平轉型的重要保證力量。未來十年或者更長一段時間，維持與國際體系包容性合作關係的中國國內因素不會發生根本的變化。

　　第一，在和平共處五項原則基礎上，以新安全觀、新發展觀、新利益觀為中國與國際體系合作關係的觀念基礎不會變。二十世紀八○年代，中國是社會主義國家率先突破冷戰思維，提出和平與發展是時代主

題，走改革開放發展道路的國家；冷戰結束以來，中國先後提出新安全觀、新發展觀和新利益觀，並在對外關係中踐行這些觀念。新安全觀的核心是互信、互利、平等、協作，既維護本國安全，又尊重別國的安全關切，以互利合作尋求安全，達到促進人類共同安全的目標。新發展觀注重把共同發展、持續發展、科學發展、和平發展作為轉變經濟增長方式、解決全球發展不平衡和實現可持續發展的重要途徑，通過發展推動國際體系朝公正、互利、包容方向轉變。新利益觀強調，在全球化時代應該把本國人民利益與世界人民及人類共同利益結合起來，擴大各方利益匯合點，培育利益共同體意識。比較冷戰結束後各大國的外交觀，中國提出的新安全觀、新發展觀和新利益觀，摒棄了你死我活的安全思維，超越了狹隘的發展觀念，脫離了一味輸出制度的價值理念，將國家本位與人類本位、國內政治與世界政治結合在一起擘畫中國與世界的未來，是極具世界意識和國際主義的外交主張。

第二，以協商談判的和平合作方式推動國際體系轉型的方式不會變。中國作為社會主義國家，不具備財團—軍事—政治權力結合、對外擴張可能性的政治經濟制度基礎，中國的國內制度是保證中國與國際體系合作的制度基礎。中國在國內治理中能夠接受合理國際制度的約束，國內治理與國際制度保持較好的合作狀態，為中國與國際體系的合作提供了穩定的制度基礎。在參與的多邊國際制度中，中國維持著良好的遵約記錄，中國加入世界貿易組織十年來的表現，是最有力的證據之一。在全球治理上，中國通過建章立制而不是暴力對抗方式推動國際體系漸進改革，與國際社會一道，通過國際制度建設，將中國與國際體系合作的成果以及全球化的成果制度化。中國與國際體系中各種力量尋求均衡、平等的關係，除了與體系中傳統的主導力量以外，中國與非洲國家、阿拉伯國家聯盟國家、亞洲腹地的中亞國家、拉丁美洲國家、新興國家群體、東南亞國家等建立了許多正式與非正式論壇合作制度，為全

球治理提供了更有力的制度選擇。

第三，有利於中國與國際體系合作關係的共同利益形態擴大的趨勢不會變。改革開放四十年來，中國與世界的相互依賴關係由不對稱的相互依賴關係向更為均衡、更為對稱的方向發展，中國與世界的共同利益基礎迅速擴大，這些共同利益並不簡單表現在傳統的貿易、投資、市場等經濟領域，它們還表現在維護世界多樣文明、多元文化的非物質領域，尋求中國與世界共同、可持續發展的生態文明領域，在國內政治中給予全球性問題解決更多重視的議題領域，保持國際制度穩定與變革相統一的制度領域，鼓勵各種發展模式取長補短、相互借鑑的政治領域。

在國內政治與國際體系中，中國致力於通過制度建設，將中國改革開放獲得的利益、中國與其他國家擁有的共同利益、中國與國際社會存在的共同利益制度化。共同利益的制度化為中國與國際體系的合作關係，提供了不可逆轉的制度基礎，也使「脫鉤論」的可能性越來越小。

四、結語

中國是當今國際社會少數致力於維護開放包容國際體系的國家之一。參與國際體系給中國帶來歷史性的變化。參與國際體系沒有像有些學者預言的那樣，導致中國的崩潰，增加中國威脅國際體系的能力，促使中國走西方式發展道路，或者再次退回到原先封閉孤立的狀態。四十年來，中國在國際體系中堅持走獨立自主、互利共贏、和平發展的道路，與國際體系維持著包容性的合作關係。自近代工業化革命以來，以中國為領頭羊的人類第四波發展浪潮（前三次分別是十七到十八世紀英國和歐洲大陸的現代化、十九世紀晚期德國和美國的現代化、冷戰時期的現代化），突破了殖民擴張、霸權道路的現代化和霸權庇護下的現代化模式，為人類和廣大發展中後進國家在二十一世紀樹立了一種全新的

發展模式。其發展模式抽象為概念化知識，足以構成人類現代政治文明的一部分，成為中國的制度在國際社會產生感召力、吸引力、影響力的重要知識資源。

冷戰結束已二十多年，國際體系積蓄了較大的變革力量，金融危機催化了國際體系改革和轉型的速度。當前國際體系處於敏感的轉型期，國際社會最為擔憂的是國際體系向封閉和排他轉向。維護國際體系的開放包容，避免各國國內政治走向封閉，是中國與國際社會的共同利益，在金融危機期間，這點對各國走出危機狀態，減少危機的危害程度，尤其重要。需要各國集體行動才能解決的全球性問題一旦進一步惡化，只會加劇對各自國內秩序的危害。世界政治的歷史表明，各國政治一旦轉為內向，屈從國內利益集團短視利益，自行其是，關上國際合作的大門，國際體系就容易陷入紛爭與衝突之中。歷史上，國際體系歷次處於開放與封閉的關口，都需要具有創新意識的國家共同合作，將國際體系拉回開放包容的狀態，避免無政府混亂狀態給世界政治造成的損害。這類創新型國家，最可能在新的國際體系中扮演核心管理者角色。

第四節　為世界提供來自中國的新概念新表述新範疇

　　在中國學術話語的國際傳播中，時常聽到一種觀點，就是中國的學術話語在自說自話，別人聽不懂。還有一種外來的觀點認為，不只是學術話語，中國官方政治話語和外交話語別人也聽不懂，影響了外宣品質。有人指出，「親、誠、惠、容」周邊國家聽不懂，「合作共贏」「和諧」等概念太空，等等。於是有人建議要改造我們的政治和外交話語，用「國際主流社會」能聽得懂的語言表達自己。

　　對這種現象我們到底怎麼看，以及怎麼辦？

一、國際交流中的話語政治

　　概念、術語、名稱及其構成的話語系統是一個民族用自己的語言表達自己思想的載體，往大的方面講，它們是一個國家文化主權的組成部分。世界上幾千種語言，唯獨沒有通行的世界語，有些特定的語言在某個特定階段影響範圍較大，但是其也不構成世界通用語。

　　在東亞，曾經存在一個漢語文化圈，隨著一些國家的「去中國化」，漢語退出了這些國家的日常生活；在歐洲，葡萄牙語、西班牙語、法語在各自國家稱雄的時候，都曾是較為廣泛使用的外交語言，如今在獨聯體國家，還存在一個俄語區；英語得益於英國的不懈努力以及美國的崛起，目前在世界上影響範圍較大。從世界語言區來看，存在英語區、法語區、俄語區、西班牙語區、葡語區、阿拉伯語區等語言版圖。一國語言使用範圍的擴大會為其帶來巨大的經濟效益和文化效益，

由此甚至誕生語言經濟學這門分支。

語言的不同，必然帶來各種思想表達系統在溝通中存在的困難，在一開始的交流過程中出現相互聽不懂是常態，這就需要借助文化交流來盡力克服這些困難。但是文化交流往往存在強弱問題。

以政治和外交話語來說，西方特色的政治和外交話語在剛進入中國的時候，中國「士」的階層也抱怨聽不懂，三四百年前歐洲傳教士進入中國的時候，當時中西力量格局是中強西弱，這些傳教士為了順利在中國傳教，採取的戰略是遵從中國文化，用中國文化中的詞彙轉換其詞語，即「以儒釋耶」「以中釋西」的戰略，以進入中國體系再求改造中國，但不是很成功，後來隨著中西力量對比的變化，特別是西方的文化自覺、文化自信起來後，就不再按照中國文化標準來解釋自己，而是直接強攻，轉為「以耶釋儒」「以西釋中」戰略，以我為主來改造中國話語，按照自己的標準來解釋中國。

經過多年的努力，我們大致可以發現在中西文化格局下，中國的知識分子大致聽得懂英語特色的概念、術語、名稱及其話語系統，但這不能證明別人的語言和話語體系就更好、更易溝通、更易為人懂；反過來，由於文化交流的不平衡、不對稱，外人自然很難懂得中國豐富的治國理政詞彙、政治話語以及外交話語。這種聽不懂不是說我們的政治話語和外交話語存在溝通障礙，而是別人不懂漢語或者中國政治和外交文化造成的。因此，我們不要誤以為，外人聽不懂中國政治話語和外交話語是因為中國政治話語和外交話語存在根本的溝通缺陷，因為大而空、邏輯不當等等。進一步設想一下，當外部一個國家竭力用漢語來表達其政治和外交問題時，中國人也會生出「聽不懂」這個問題。

所以，問題的關鍵在於如何讓更多的外國人在學習漢語中理解中國，懂漢語的人多了，就不存在這個問題。

其實，就我本人所知，有些搞中國政治外交研究且懂漢語的外國

人，以及在華做生意的人，對中國共產黨中央全會的公報以及《人民日報》文章的理解能力，絲毫不輸給國人，這些人對中國政治話語和外交話語不是不懂，而是懂得很。

二、話語能力提升的辦法和效果

話語有時會上升為一種文化外交戰略，利用自己的話語系統去覆蓋、遮蔽、替換對方的話語體系，達到同化、規訓或者孤立對方的目標。比如，話語孤立的一個辦法，就是強勢話語體系經常說別人說的東西不專業、聽不懂、不知道在說什麼、與國際主流不接軌，以此達到規訓和教化的目標。

當年，中國在國際上提出「和諧世界」這個概念的時候，西方輿論普遍的反應就是這個概念又大又空，是中國特色，聽不懂。純粹從學術研究來說，「和諧」是一個很好的概念，如果說「和諧」概念很空很大，那麼西方幾個世紀精心打造的西式「自由」「民主」概念則更空更大，歧義紛繁。讀者會有規律地發現，我們現在提「新型大國關係」「親、誠、惠、容」「命運共同體」等，英語學術界和輿論界往往也會說很空很大、沒有操作性，而且還通過五花八門的解釋將這些核心概念的含義稀釋掉，有的時候甚至對其進行汙名化。總之，你的概念、術語表達再好，就是不規範、聽不懂。這種話語肢解戰略是有規律的，對此學者必須要有基本的學術和文化鑑別能力。話語政治還有很多種操作和規訓手法，限於篇幅，在此不表。此外，關於話語學，在福柯之前，中國古代的名學其實早就探討了這個問題。

在話語競爭格局下，往往有不同的應對辦法，效果會不一樣。

第一種辦法是投其所好，遵從強勢話語一方，按照符合強勢話語一方的習慣和標準來表達自己。這個時候，在強勢話語評價體系的塑造

下，弱勢話語中的一方往往馬上會受到表揚，但是在不知不覺中被規訓和同化了。例如，為了讓別人懂中國政治，如果我們放棄「社會主義」「民主集中制」「央地關係」等西方讀者不太接受的概念，用「國家資本主義」「威權」「聯邦制」等概念研究中國，這個時候別人確實是懂了，但是自己政治概念體系卻在不知不覺中被肢解掉了，將自己研究成了「四不像」。

第二種辦法，是有一定文化志氣的國家，試圖進入別人體系然後再去爭奪話語權。這種辦法初始時有一定的效果，但長遠來說則很難。事實證明，在你還沒有學會用別人的表達提高自己話語權之前，自己的價值體系和概念體系可能在不自覺中丟掉了，慢慢成了別人體系的一部分。古代中國為此提供了經典的案例，也就是少數民族入主中原的時候，在漢化過程中被同化了，沒有改變中原，反而被中原所改變。假設現在世界有一個大國，其試圖進入英語表達體系中再去改變對方，提高自己的話語權，其最後的結果可能會與上述例子一樣。也就是等你覺得自己似乎有話語權的時候，你已經成為別人的一部分，不是你自己了。

第三種辦法是堅持以我為主，用自己的核心話語把自己解釋清楚，同時在不傷害別人文化尊嚴的前提下做到解釋別人。唯有文明自成體系的國家才有這樣的抱負，也必須有這樣的抱負。這需要堅持不懈地通過教育教化讓別人理解自己的概念和術語。例如，漢語學術成果的外譯戰略應該資助他國懂漢語的人來翻譯，這些學者在翻譯過程中通過查字典等方式，會逐步理解漢語學術圈中的獨特的概念和表述方式，從而帶動這些概念和表述方式的走出去。

大家反過來想想，西方社會科學概念無不是中國人自己翻譯過來的，本人很少讀到西方人自己花寶貴的精力將自己的東西翻譯成中文再在中國出版的書。當然，這種狀況與我們主動向外部學習的過程有關，所謂欲求會通，必先超越，欲求超越，必先翻譯。但是，從國家文化戰

略來說，這只是一個過程，最終目標是培養海外幫我們傳播概念和話語的人。據統計，現在海外有七千萬人在學習漢語，假設這些人能夠從基本的漢字認識和了解中國文化，他們對我們外交話語中所說的「親、誠、惠、容」「和諧」「義利觀」等價值理念，就容易產生共鳴和親近，不存在聽不懂或者曲解的問題。

三、為世界提供來自中國的新概念新表述新範疇

有人說，中國的整體主義、陰陽組合思維別人不懂，應該用西方個體主義、利益思維來闡述外交話語。

其實，為了實現概念和理論在外國的當地化，有時投其所好是對的，但是我們更需要的是學會變其所好。為什麼我們就不反過來想想，中國整體主義思維恰恰是一個優點，構建和諧共生的世界就需要整體主義思維而不是個體主義思維呢？人類政治文明是不是被個體主義思維所折磨，恰恰需要整體主義思維來彌補個體主義所造成的缺陷呢？我們現在是不是存在個體主義思維太盛而整體主義思維缺位帶來的消極現象？政治學和外交學著作如果多一點整體主義思維方式，受此教育下的人是不是更傾向於用和諧共生視角來看世界，從而有利於世界和平？對此，倒是美國一位叫安樂哲的研究中國哲學的學者，撰文指出關係思維和整體思維對彌補西方對抗式二元思維的積極作用。

話語政治經常有一個尷尬現象，就是當你放棄和丟掉了自己的優秀和核心價值理念，完全跟著別人說而不是自己如何說，忘了自己的根和本的時候，別人有一天很可能把你丟掉的好東西撿起來，說你的東西才是好的。

那麼，究竟如何理解「打造融通中外的新概念新表述新範疇，構建中國特色、中國風格、中國氣派的哲學社會科學話語體系」這段話？

這段話就我個人的理解，我認為核心是為世界提供來自中國的新概念新表述新範疇，而不是針對不同國家形成不同的新概念新表述新範疇，假設為了讓自己的政治話語和外交話語分別為了讓英語、法語、俄語、西班牙語、葡萄牙語、阿拉伯語等地區的人懂，符合各自表達習慣，從而形成不同的概念表述體系，那最後翻譯出去的政治和外交話語豈不是支離破碎的？大國的政治話語和外交話語有嚴肅、嚴密、嚴謹、權威、準確、連貫特點，它只能在自己的政治和外交標準下闡釋和解釋，不可能為了滿足各種不同口味的外部受眾，進行過多的調整和變化。

實際上，在中國政治和外交話語體系中，已經為世界政治和外交提供了許多新概念新範疇新表述，例如和平共處五項原則、「一帶一路」、協商民主、和平發展、韜光養晦、關係、結伴不結盟、新型義利觀、命運共同體。外人離開這些概念，恐怕很難理解中國政治和外交，通過領會這些概念，外人其實也是在習慣中國智慧和中國思維。隨著中國在世界上影響力的上升，中國更需要以我為主，用自己鮮活的語言來表述世界。

最近，有學者就用中國外交話語系統中的「韜光養晦」，以中釋西，說美國現在開始「韜光養晦」了。過去不少美國學者總是抱怨這個詞不準確、傳遞資訊不明確，或者從「君子報仇，十年不晚」「臥薪嚐膽」角度曲解這個詞，也許當我們用這個詞定義美國外交的時候，或許他們在使用過程中就慢慢懂了。世界上用「韜光養晦」一詞的人多了，「韜光養晦」就不是一個中式概念，而是一個普遍概念，完成從專有名詞向普通名詞的轉變，也就不存在自說自話的問題。類似這樣的話語傳播技巧還有很多，就不一一列舉了。

有人說天底下最難的兩件事情，一是將自己的思想裝進別人的大腦中，二是將別人口袋中的錢賺到自己口袋中來。在這方面，做得比較成

功的一是傳教士，二是商人，傳教的目的是為了把自己的信仰裝到別人大腦中，經商的目的是為了將別人口袋中的錢賺到自己口袋中；教沒傳成卻信了別人的信仰，錢沒賺成自己的錢反而進了別人的口袋，可謂敗筆。所以宗教界和商界在這方面已經積累了成套的思想行銷和商品行銷的手法，形成了不被人重視的國際通用規則。

當然，我們政治話語和外交話語的對外表達和對外傳播不是搞行銷，更不是像個別國家那樣，目的是為了改造別人，但是上述兩個領域積累的成套經驗或者國際通用規則，倒是我們需要好好學學的。

四、中國要有世界意識

世界意識比狹隘的民族復興意識更為重要。否則，一個國家縱使擁有很多可調度的資源，拿著一手的好牌，若無寬廣的世界意識、世界知識和世界人才儲備為匹配，也不一定就能打得很好。

我以前在復旦大學給國際政治系本科生上課的時候，班上有不同國家的學生。除了中國學生之外，來自中東歐、非洲、西歐、北美、日韓等地的都有，學生們宗教信仰不同，其本國政治制度也不一，有的學生彼此國家之間甚至還有外交糾紛。所以，我上課的時候就特別注意相關國家知識用詞的正確性和平等性，尤其是相關國宗教忌諱和歷史人物評價的內容，講起來格外慎重，有的時候甚至還要考慮本國教科書中的話語他們是否能理解和明白。當然，這種情況在國內學生上課時就不會出現，國內師生之間有「我們一家」的感覺，大家接受一樣的政治教育，一樣的價值，講課的時候師生有默契和共識，自然就不太注意國際交往中的這些細節知識了。

改革開放以來，中國在國際上的經濟實力和政治地位空前提高，許多全球問題離開中國的支持和配合根本無法解決，國際上要求中國承擔

更多國際責任的呼聲也在上升。有時我想，假設現在美國一夜之間坍塌了，中國陡然成為世界第一大國，被迫擔負起許多國際事務的領導權，那麼，依中國現在的國際事務管理經驗和知識人才儲備，能挑起這個擔子嗎？

大國之大，首先在於其有寬廣的世界意識。「世」是時間，「界」是空間，也就是其思考內外問題，從更大的地理格局和歷史時段而不僅僅只是從自己本位出發。

有人會說，中國人自古就有天下意識，難道天下意識不是世界意識？其實不然。過去農耕文明時代的天下意識，在地理和時間上局限很大，所謂天下體系，更多是個「想像的共同體」。到鴉片戰爭前後，天下意識封閉到「不知有漢，無論魏晉」的地步，天下體系迅即崩潰，落得「天下之大沒有中國」的境地。

中國現在崛起了，人們喜歡談中華民族的偉大復興，從振奮民族精神角度來說，應該多講，但是，如果我們把視野放寬一點的話，就會發現，畢竟現在全球化了，說話聲無法關在自家門裡，別人聽了會怎麼想？恐怕怕的成分多於愛的成分。所以，民族復興意識應該需要創造性地轉化到世界意識復蘇上，世界意識需要我們從人類大我的角度進行敘事甚至行動，因此，包容、共同發展、共生、亞洲精神這些概念就很重要。國家現在反復強調「用好國內國外兩種資源」「統籌國際國內兩個大局」，說的也是這個道理。

世界意識需要我們更多地去了解別人，不能憑想像揣測，也就是說，要有世界知識儲備。

有次我遇見一個房地產老闆，他和西班牙人做生意，他不懂西班牙文，看不懂西班牙文合同，但是他爽快地簽了合同。我問他膽怎麼這麼大，難道不怕被騙？他說對方看上去人挺老實，不像壞人。這著實嚇了我一跳。中國有句老話，叫「內戰內行，外戰外行」。這話在我的理

解，所謂「外戰外行」，根源在於不了解對手，很多時候靠想當然來判斷和行事，那樣自然要吃虧。了解對手後吃虧和不了解對手吃了糊裡糊塗的虧畢竟是兩回事，了解對手後做對了和不了解對手後矇對了也是兩回事。國家現在鼓勵走出去，很多企業由於不了解當地國情，就倉促下手，不注重風險評估，血本無歸的事例不少。當然，從我們國際問題研究來說，更需要加強對當地的國情民情社情的深度研究。過去日本人侵略中國時所做的滿鐵調查檔案，對中國情況搜集之完備令人歎為觀止。現在假設我們真的要在一個小國撤僑，我們是否能立刻拿出當地的路況地圖可能都是個疑問。當然，我們現在加強外國國情研究，不是為了搞殖民，而是了解對方，避免不必要的決策失誤，大家一起共同發展。

回到開頭。我們現在搞公共外交，其實也要注意話語的對象。我們在言說時往往內外有別，對內講的話語與對外講的話語不統一。現在全世界都在關注中國，這種現象反過來看，實際上需要我們學會將內政外交中的重大問題，像上課時的傳播一樣，講得讓「國際學生」都聽得懂，而不只是「自家人」聽得懂，這樣才能更好地將中國的看法和理念傳播出去。因此，學會國際政治語言的正確性、平等性、包容性、謙和性，對公共外交就至關重要了。

總之，世界意識比狹隘的民族復興意識更為重要。否則，一個國家縱使擁有很多可調度的資源，拿著一手的好牌，若無寬廣的世界意識、世界知識和世界人才儲備相匹配，也不一定就能打得很好。管理國際事務和國際團隊，道理也是如此。

第五節　開創大國外交新局面的行動指南

當今世界正在發生廣泛而深刻的變化，中國的和平發展成為推動世界歷史進程的重要力量。黨的十八大以來，以習近平同志為核心的黨中央積極進取、奮發有為，在對外工作上提出一系列新理念新思想新戰略，開創了中國特色大國外交新局面。近年來，中國特色大國外交牢牢抓住服務中華民族偉大復興這條主線，積極推動構建以合作共贏為核心的新型國際關係，推動全球治理體系改革向更加公正合理方向發展，堅持同世界各國共建和諧共生的人類命運共同體，向世界展現了一個社會主義大國、東方大國、發展中大國、文明大國的責任意識和使命擔當。

一、全面布局中國特色大國外交

習近平總書記在中央外事工作會議上強調，中國必須要有中國特色、中國風格、中國氣派的大國外交。黨的十八大以來，中國特色大國外交的全面布局基本完成，大國外交的理念和實踐特色愈益鮮明。

中國特色大國外交的歷史責任和歷史擔當。面對深刻變化的國際關係，習近平總書記強調，我們必須端起歷史規律的望遠鏡細心觀望，不能被亂花迷眼，也不能被浮雲遮眼。在對外工作方面，我們的歷史責任和使命就是堅持在黨的領導下，把服務服從國家發展和中華民族偉大復興作為中國大國外交的基點；在國際關係史的大是大非問題上，維護和鞏固第二次世界大戰的勝利成果，反對個別國家否定二戰的歷史觀，堅定維護以《聯合國憲章》宗旨和原則為核心的國際秩序，防止國際關係

偏離和平發展的正道。

中國特色大國外交的核心價值理念。中國是一個社會主義大國，中國特色大國外交的核心價值與社會主義核心價值觀是內在一致的。在對外關係的價值取向上，我們堅持獨立自主、和平共處、和平發展、合作共贏。中國不走國強必霸的老路，也不走對抗衝突的險路，而是堅定不移地走和平發展道路。習近平主席在國際場合多次闡述中國大國外交鮮明的價值立場，包括維護主權平等的國際秩序，反對任意顛覆他國合法政權；和平共處，不搞結盟對抗；共同發展振興，不認同你輸我贏；共同安全，不搞勢力範圍、不找代理人、不填補真空；等等。

堅定不移地走中國特色國家安全道路。當今世界，冷戰零和思維仍然存在，世界仍不安寧。習近平總書記強調，要統籌發展安全兩件大事，走中國特色國家安全道路，同時在國際上提出共同、綜合、合作、可持續的新安全觀。新安全觀以人類命運共同體為認識新型國際關係的基點，摒棄把自己的安全建立在別人不安全之上的舊思維，反對對抗衝突的零和安全觀。在和平發展問題上，中國主動把走和平發展道路作為對自己的約束，體現了維護世界和平的責任意識和擔當。但走和平發展道路決不能放棄我們的正當權益，決不能犧牲中國的核心利益。

注重統籌國際國內兩個大局。習近平總書記指出，中國同國際社會的互聯互動已經變得空前緊密，中國對世界的依靠、對國際事務的參與在不斷加深，世界對中國的依靠、對中國的影響也在不斷加深；我們觀察和規劃改革發展，必須統籌考慮和綜合運用國際國內兩個市場、國際國內兩種資源、國際國內兩類規則。統籌規劃是中國制度體系的內在組織優勢。黨的十八大以來，我們黨注重國家安全和國際安全的統籌，堅定不移地走中國特色國家安全道路；重視國內規則和國際規則的協調，強調提高為轉型中的國際秩序定規則定方向的能力；在新的國民經濟和社會發展五年規劃制定中，突出調動國內市場和國際市場、國內資源和

國外資源的能力建設，構建既有活力又能抵禦各種風險的開放型經濟新體制；在國家治理體系和治理能力現代化建設目標中，強調國家治理體系和全球治理體系改革的結合等。

二、推動構建以合作共贏為核心的新型國際關係

推動構建以合作共贏為核心的新型國際關係，是中國特色大國外交的重要內容，也是國際關係發展的時代要求。進入二十一世紀以來，世界主要國家的領導人、知識界人士都在思考國際體系轉型和二十一世紀國際秩序問題。國際關係是退回到西方國際關係史上週期性的衝突對抗狀態，還是擺脫陳舊觀念和實踐的束縛、步入和平發展與合作共贏的軌道？這成為國際關係學界的「世紀之問」。

黨的十八大以來，習近平主席的外交足跡遍布各個地區主要國家以及重要國際組織。目前，中國與外部世界的夥伴關係已經覆蓋了世界上七十多個國家和地區組織，初步形成了以合作共贏為核心的新型國際關係層次和網路，體現了中國大國外交布局的全面性。中俄全面戰略協作夥伴關係、中美新型大國關係以及中歐和平、增長、改革、文明四大夥伴關係，對新時期大國關係良性發展發揮了引領作用；中國秉持正確的義利觀，以親誠惠容和真實親誠理念，深化同周邊國家和發展中國家的互利合作、互聯互通，打造與周邊國家和發展中國家的命運共同體；踐行主權平等的外交價值觀，重視同小國建立大小規模不等的新型關係；積極推動存量國際組織改革，使其更加適應變化了的國際力量格局，同時發起成立亞洲基礎設施投資銀行和金磚國家新發展銀行等新興國際組織，為國際體系建設發揮了積極的增量增益效應。

構建以合作共贏為核心的新型國際關係，重在規劃和落實。近年來，中國同越來越多的國家在尊重和照顧彼此國情前提下，將各自國

情、發展階段和現實需求銜接對接起來，制定了雙邊外交五到十年發展規劃，著力構築合作共贏關係的經濟、政治、文化和民意基礎，帶動更多國家共同走和平發展道路。大國外交發展規劃體現了中國政黨制度在治國理政上的組織優勢，是我們黨領導人民接力奮進在外交領域的體現，是中國外交鮮明的實踐特色之一。

三、提供全球治理的中國理念和中國方案

在中央政治局關於全球治理格局和全球治理體系的集體學習中，習近平總書記指出，加強全球治理、推進全球治理變革是大勢所趨，不僅事關應對各種全球性挑戰，而且事關給國際秩序和國際體系定規則、定方向；不僅事關對發展制高點的爭奪，而且事關各國在國際秩序和國際體系長遠制度性安排中的地位和作用。中國參與全球治理的根本目的，就是服從服務於實現「兩個一百年」奮鬥目標、實現中華民族偉大復興的中國夢。近年來，中國為全球治理改革和完善貢獻了許多中國理念和中國方案，在國際事務管理中的影響和能力顯著提升。

習近平總書記關於全球治理的重要理念和論斷，同習近平新時代中國特色社會主義思想中關於國家治理的重要論述是一致和統一的。第一，在新的歷史時期，中國共產黨治理、國家治理、全球治理日益需要在國際國內兩個大局下統籌考慮。參與全球治理和推動全球治理體系變革，與新時期中國共產黨在改革開放和外部環境考驗下不斷提高自己的執政和治理能力、推進國家治理體系和治理能力現代化的目標是一致的。第二，面對全球治理體系中的制度和規則變革，中國不能缺席，必須將推動全球治理法治化與積極爭取中國在全球治理體系中的制度性權力和制度性話語權結合起來，做好國際國內兩類規則的統籌工作。第三，重視將中國的全球治理倡議和方案同別國國情結合起來，不強人所

難、不輸出自己的模式，努力將中國倡議和中國方案與對方國情和規劃銜接對接起來，尋求互利合作的最大公約數。第四，全球治理經驗和成果應為更多國家及其人民所分享，宣導各國加強治國理政經驗交流，尤其重視發展議程的落實對推動形成更為均衡的國際關係的重要意義。

協商民主是中國制度體系的精髓之一，也是中國推動全球治理體系改革的重要理念。中國宣導國際關係民主化，促進國際事務按照協商民主精神來處理。習近平總書記多次指出，現在世界上的事情越來越需要各國共同商量著辦，國際上的事情應該由各國共同商量著辦。「商量著辦」體現了互諒互商的協商民主精神。世界上許多熱點難點問題，動輒以武力和制裁方式處理，不是各國和諧共處之道。因此，全球治理要弘揚共商、共建、共享的新理念。中國是這麼說的，也是這麼做的，共商、共建、共享成為習近平總書記提出的「一帶一路」倡議的核心理念。

四、共建和諧共生的人類命運共同體

當今時代需要一個什麼樣的國際秩序，如何建立更加公正合理的國際秩序，是各國面臨的共同問題。在一個人、財、物、智日益互聯互動的世界中，中國與世界的關係正在發生深刻變化，人類休戚與共的命運共同體意識從來沒有像今天這樣強烈。為了順應世界歷史的這一發展趨勢，習近平主席在對外工作的多個場合宣導構建人類命運共同體。在會見「讀懂中國」國際會議的外方代表時，習近平主席說，中國將堅持同世界各國建立和諧共生的命運共同體。

人類命運共同體以尊重主權國家平等為基礎。當今世界出現了一股以否定主權為基礎的國際秩序的思潮，將世界上一些熱點難點問題不得其解歸咎於主權觀念過時了。習近平總書記指出，當今世界發生的各種

對抗和不公，不是因為《聯合國憲章》宗旨和原則過時了，而恰恰是由於這些宗旨和原則未能得到有效履行。主權平等是人類命運共同體的基石，是保護小國、弱國生存和安全的屏障。一旦失去這道屏障，國際關係就很容易倒退到十九世紀西方主導的叢林政治之中。

人類命運共同體需要確立正確的共同價值觀和文明對話模式。國之交，在於民相親；民相親，在於心相知。習近平主席在出訪演講中，闡述了在一個多元多樣多極的世界中不同文明和國家並行不悖的多元共生文明觀。當今世界，以個別國家的價值觀作為人類命運共同體的指南，或者「道不同，互相討伐」，既不符合文明和價值觀多樣的現實，也違背人類文明發展的規律，在實踐中容易助長干涉主義。正確的共處共生之道，應是在互相尊重各自價值理念、發展道路、政治制度的基礎上，加強治國理政和文明對話交流，互相為學為鑒、取長補短，促進人類文明向更高階段發展。

第六節　以分歧治理謀劃國際關係的新準則

大國關係歷來是關乎國際關係穩定與否的壓艙石。當前國際關係出現一些具有世界歷史意義的變化和特點。世界近現代國際關係史表明，每當國際關係處於轉折的關口，大國關係的形態都會對歷史走向產生重大影響。大國關係處理好了，國際關係就不會出現大的震盪和動盪，世界和平就有了基本的保障。

中國自身就是一個世界大國，並且是一個新型世界大國，因此，中國如何解決好大國關係治理問題，與其他大國一起為國際關係搭建一個新型大國關係治理框架，共同帶動國際關係走出西方世界內部國際關係史中頻繁出現的大國政治悲劇的歷史宿命論怪圈，既是中國特色大國外交理論創新的內在要求，也是新的世界歷史時期各國共同探索關係人類和平的重大命題的客觀需要。

黨的十八大以來，習近平總書記在對外工作中圍繞大國關係治理相關問題發表了一系列重要論述和觀點，在總結大國關係歷史經驗和教訓以及大國關係發展規律之基礎上，對新時期大國關係的規範和治理提出了系列新思想新觀點新論斷，向世界展示了一個新型新興大國在大國關係治理問題上的負責任態度。

一、遵循基本的世界歷史觀和世界歷史發展規律

在二〇一四年十一月召開的中央外事工作會議上，習近平總書記強調要端起歷史規律的望遠鏡，觀察世界大局大勢。大國關係治理也需要

樹立正確的世界歷史觀，遵循世界歷史規律。對於當前來說，大國之間迫切需要鞏固對第二次世界大戰和世界反法西斯戰爭所形成的統一歷史觀。法西斯主義、軍國主義是人類的災難，是國際和平的最大威脅。大國在這個問題上要有統一的認識，不應模稜兩可，含糊其詞。就此來說，第二次世界大戰前的歐洲是有教訓的，當時，正是由於英法兩國對德國的「綏靖政策」，縱容了德國法西斯的侵略擴張欲望，最終給世界和平帶來災難。

世界歷史反復證明，光明在黑暗面前稍有猶豫，或後退一步，黑暗就會乘機得寸進尺。近些年來，在重返亞太戰略鼓動下，美國不斷強化美日同盟，在對第二次世界大戰的歷史認識上，日本又不斷挑戰亞洲國家的歷史底線。如果美國在這個問題上不能清醒地給予評估，那麼在將來，日本很可能成為美國在亞洲的戰略負資產。

世界歷史也反復證明，一個國家特別是大國，當處理世界歷史根本問題時，如果在立場上站錯了隊，在世界歷史發展方向上出現誤判，導致逆流而行，最終就會傷及自身和他人。也正因此，中國在國際社會上反復強調世界歷史觀問題的重要性，以此作為發展大國關係之鏡鑒，防止大國關係脫離歷史發展之正義軌道。

二、鼓勵互尊互重、互學互鑒的共生思維

由於大國往往都代表著一種獨特的文明，因而都有自身的核心價值觀，但如果每個大國都將自己的價值觀強加他國，視其為國際社會的唯一價值標準，借價值觀外交之名行干涉他國內政之實，大國之間必然出現不和。大國關係在價值體系上的這個基本面，決定了治理大國關係不能抱有「道不同，不相為謀」的態度，更不能抱有「道不同，則幹之」的態度，而應要有「道不同，可相為謀」的氣度，相互尊重，在包容差

異的基礎上積累合作成果。

習近平總書記大國關係治理思想繼承了改革開放以來中國所堅持的大國外交不以意識形態來劃線的基本方針，在此基礎上，多次進一步闡明不同文明、不同制度之間要相互包容、相互欣賞、相互尊重的立場。所謂「萬物並育而不相害，道並行而不悖」「履不必同，期於適足；治不必同，期於利民」。

為此，在思路上，大國之間應彼此尊重各自的核心價值觀和基於國情、歷史形成的政治制度，不相互貶低，不相互否定，同時在處理國際問題上逐步形成共同的價值理念，循著共商、共建、共贏、共生的原則解決國際難題。減少意識形態因素對大國關係治理的影響，並不是說大國不應重視國內意識形態和價值體系建設。世界上沒有一個大國不重視國內意識形態的建設，並且大國在國內重視意識形態和價值體系建設，是其內政主權，但是，應反對一國將自己的意識形態和價值標準強加他國，這不利於大國間的和平共處。

三、共同走和平發展道路

在主持新一屆中央政治局關於和平發展道路的集體學習中，以及在國外出訪的多次演講中，習近平總書記反復強調「國雖大，好戰必亡」的道理，提出中國堅定不移地走和平發展道路，其他國家尤其是大國也應該走和平發展道路；只有中國一個國家走和平發展道路，是走不通的，更多國家共同來走，才能壯大制約戰爭的綜合力量，和平發展道路才能真正行穩致遠。在大國關係治理中，走和平發展道路不應該成為對某一個大國的單方面約束，而是要成為所有大國的共同自我約束。

在二〇一四年十一月召開的中央外事工作會議上，習近平總書記強調，中國要在堅持不結盟原則的前提下，廣交朋友，形成遍布全球的夥

伴關係網絡。推及至大國關係治理上，就是大國不能建立針對其他大國的軍事結盟體系，以免陷入對抗性的安全怪圈中。結盟對抗禍害無窮，搬起石頭砸別人的腳，最後也砸了自己的腳。在論述安全問題時，習近平總書記曾引用了哈薩克的諺語「吹滅別人的燈，會燒掉自己的鬍子」，形象地說明了大國相互之間持有對抗思維的危害性。

冷戰留給國際政治的教訓是結盟對抗害人害己，近代以來，西方國家內部紛爭不斷，也與軍事結盟文化的盛行有很大關係。歷史上，但凡一個多極世界被軍事結盟政治所綁架，最終必然演化為兩大軍事集團對抗的悲劇，嚴重威脅國際和平，這是西方國際關係史的悲劇和悲哀。客觀地說，當前國際關係中仍然存在軍事結盟體系，中國並不反對一些國家由於歷史因素所形成的軍事結盟體系，但是，中國反對這類軍事結盟體系的強化，以及直接或間接地針對協力廠商，把一個協力廠商作為假想敵。如何避免結盟對抗，確實是當今大國在維護世界和平方面的責任所在。實際上，軍事結盟體系正日益成為個別大國沉重的國際國內包袱。中國為這一問題提出的出路是走不對抗不衝突的結伴不結盟道路。

四、建立全方位、多層次、寬領域的互聯互通機制

愚者求異，智者求同，仁者求通。大國之間在任何問題上都完全相同，不符合客觀實際，所謂「夫物之不齊，物之情也」。但是，大國之間如果總是找彼此之間的不同，或者誇大不同和放大分歧，合作就會很困難，就更難有共贏的空間。為此，大國之間需要樹立求通思維，聚同化異，擴大合作的交集面。

習近平總書記在其他大國訪問時，重視從彼此共通的角度闡述中國的外交思想和理念，在同俄羅斯闡述「一帶一路」倡議時，強調「一帶

一路」要與俄羅斯的歐亞經濟聯盟對接起來；在美國講述中國夢時，指出中國夢與包括美國夢在內的世界各國人民的美好夢想是相通的；在印度闡述和平思想時，強調中國墨家的「兼愛」思想與印度哲學中的「不害」思想是一致的。

大國之間的分歧和「不通」，既存在於國與國之間，也存在於大國內政與外交之間。一些大國由於內部制度設計的原因，經常出現內政否決國際合作協定的現象，增加了大國關係治理的成本。彌合大國之間以及大國內政與外交之間的分歧，就需要踐行協商民主精神，加強溝通和商量，而不是誇大分歧和製造溝通的障礙，以建立起全方位、多層次、寬領域的互聯互通機制。

十八大以來，中國鞏固並發展了與傳統大國和新興大國的從國家元首到政府要員之間的友好互動關係，促進了雙邊行政、立法、司法、地方、民間、人文等各個領域的交流和溝通，力圖為大國關係治理提供堅實的內政和社會民意支持。

五、構建大小國家平等互利的新型關係

評價一個大國實際承擔的國際責任，透過其如何對待與中小國家的外交實踐就能一目了然。傳統大國關係治理模式中，中小國家往往成為不同大國的殖民地、「保護國」或者勢力範圍，大國肆意干涉中小國家內政，甚至公開顛覆中小國家合法政權，破壞了主權平等的國際關係原則。小國生活在一個由大國主導的世界體系中，經常缺乏平等的被尊重感，這顯然不是一種良好的國際關係。當然，中小國家也不要被大國所利用，輕率捲入大國之間的矛盾或者加入軍事結盟體之中，成為他國的棋子。走中立和不結盟的道路，有利於中小國家的生存和發展。

「泰山不拒細壤，故能成其高；江海不擇細流，故能就其深。」探

索在大小規模不等的國家之間形成新型國際關係，也是習近平總書記大國關係治理思想體系的一個重要內涵。任何一個大國，如果失去了與中小國家相互依託的共生關係，必然獨木難支，難成其大。習近平主席的大部分外交足跡，都遍布在中小國家，包括加勒比、印度洋和南太平洋的小島國，他也在不同場合反復強調大小規模不等國家之間構建新型關係，對促進和鞏固新型國際關係的重要性。

構建大小國家平等互利的新型關係，一直是國際秩序建設過程中面臨的一大難題，傳統的大國關係治理模式並沒有對此提供很好的經驗和答案，維也納秩序和雅爾達體系以大國劃分勢力範圍、犧牲弱小國家權益的方式求得大國之間的短暫均勢，並不是大國關係治理的正道。良好的大國關係治理模式，除了有利於大國與大國之間關係的穩定，也應當致力於促進大小國家之間的互利共生關係的形成。

習近平總書記關於大國關係治理的重要思想和論述，是習近平總書記在對外工作中提出的構建合作共贏為核心的新型國際關係的一部分。當今世界的大國關係，既有退回到歷史上的衝突怪圈中的可能，也有通過合作邁上新的發展階段的可能。為一個多極世界中的大國關係治理謀劃規範和規則，探索大國關係的新型治理模式和途徑，需要傳統大國和新興大國相向而行，共同努力。面對歷史上出現過的各種大國關係治理模式，中國正在努力同一些大國共同開闢大國關係治理的一條新路，當然，這項任務不僅並沒有完成，而且還會融入國際秩序從轉型走向定型的整個過程之中。

第七節　中國政治發展道路與世界秩序的未來

一、沉悶的政治學與迷茫的世界

每逢世界歷史發展的關鍵時期，大國的發展道路都會格外引人注目。當今世界，發展道路的多樣化是一個潮流，這個潮流無疑為各國提供更多自由選擇的可能，也為人類的發展方向提供了新的參考。

冷戰結束以來，人們試過了不少發展道路，個別國家也用了不少心思對外力推其發展道路和制度模式，但是近三十年來的實驗表明，效果不佳，且有時還加劇當地的動盪。今天世界越來越多先覺的人士開始認為，普世價值以及由此派生的唯一的道路、制度模式，與多樣多元的世界是不合拍的，世界對共同價值的需求，以及人們對共同價值的追求比對普世價值的追求，從來沒有像今天這樣表現得如此迫切。隨著知識的普及以及世界範圍內的社會政治自覺運動，人們探索不同的政治發展道路，各種不同政治發展道路的有序競爭的過程，自然會改變未來世界秩序的圖景。

在政治學理論處於沉悶之際，中國政治發展道路、中國政治模式或者中國的制度體系，成為刺激學術研究和理論創新的重要樣本和經驗。這個問題不僅吸引政治學者參與討論，而且因為中國政治發展道路具有外溢效應，激發國際關係和外交學者參與討論，以思考這種道路和制度模式對未來國際關係和世界秩序的影響。這個問題的討論是開放的，並不只是中國學者在關注，它同樣吸引國際學術界的參與。

二、對抗式民主和協商式民主

人們以前關注美國民主，今天越來越多的人關注中國民主。人們以前讀托克維爾的《論美國的民主》，現在開始讀中國共產黨人的經典民主文獻，例如毛澤東同志的《黨委會的工作方法》，以及理解中國共產黨人在新時期的民主創新。

從政治制度的國際比較來看，有的通過對抗制衡原則來安排政治制度，有的通過協商合作原則來安排政治制度。表現在民主問題上，我將民主分為對抗式民主和協商式民主兩種。

我認為對抗式民主模式不是人們追求好的政治秩序的制度模式。在西方民主制度設計中，帶有很強的對抗式的印記，有時大家有共識的時候，對抗式民主對國家治理的影響要小些，但是一旦共識分裂以後，國家治理就會出問題。這種對抗式民主經過包裝以後還被推銷到世界各地，我們看到不少國家在輸入這種對抗式民主制度模式後，國家和社會陷入強烈的衝突和對抗之中，有的時候，對抗式民主甚至成為滋生極端主義的溫床。在對抗式民主指導下，我們經常看到democracy變成了democrazy。如今，democrazy一定程度上已經成為西式民主在國際上推廣後的代名詞。

中國民主政治模式較好地解決了這個制度弊端。中國在這方面找到的道路就是協商民主模式。協商和對抗是天然對立的，要對話不要對抗，要協商不要推諉。中國制度設計以及在政治發展進程的實踐中，努力避免對抗民主的消極因素。所以，中國政治精神強調協商的「合」，不像對抗式民主制度那樣強調對抗的「分」。外國政治學者研究中國如果只按照「分」而不是「合」把握中國政治，造成的誤讀誤判誤解的例子有不少。

我在國際學術交流中經常有人問，你們中國的規劃很有意思，在發

展中作用很大。其實，世界上並不是中國才有規劃，發達國家和發展中國家都有。但是為什麼有的國家的規劃執行的比較好，有的國家的規劃可能很好，但是執行效果不理想？我們的規劃的合理有效的政黨制度為保障，是在協商民主而不是對抗民主下做出來的，這樣既保證了科學性和可行性，也保證了連貫性和穩定性。

簡單地說，我們規劃的績效是建立在「一屆接一屆幹」（step by step）的基礎上的。在對抗民主和競爭政黨制度下，經常不是「一屆接一屆幹」，而是「一屆對著一屆幹」（step against step），規劃自然很難連貫穩定地做下去。我這樣說，不是說我們的制度和規劃就是世界上最好的了——我們的制度和規劃也是在不斷發展和完善中的，也不是否定其他國家選擇的政治制度，我的意思是，我們的民主制度有其比較優勢和內在優勢。

三、協商民主、中國道路和世界秩序

一個好的世界秩序，仰賴較好的國內秩序支撐。民主和平論假設世界上各國都變成所謂的西式民主國家，就會有好的世界秩序。這個假設在邏輯和經驗上都存在很大的漏洞。這種認為趨同的政治發展道路就會帶來一致的世界秩序的觀點，是很危險的。我們在實踐中可以看到，像羅爾斯的自由理論，已經威脅到世界秩序，而不是對世界秩序建設性地起引導作用。從基本的學術規範和外交規範來看，一個國家是沒有權利以其界定的自由或者民主概念，將別國視為非民主、非自由國家而予以隨意干涉的。這違背國際秩序的基本原理，國際社會之所以能有秩序，是因為它遵從一個最底線的原則，也就是任何一種國際秩序和國際法，不能建立在要求所有成員採納同樣國內制度的基礎上。歷史上國際秩序，凡是遵從了這一底線原則，國際秩序基本有保障，如果不遵從這一

原則，國際秩序的根基就會出問題。

這就需要我們回到中國所講的，人們究竟是追求同而不和的秩序，還是和而不同的秩序？世界秩序不能建立在對抗基礎上，這就如同國內秩序也不可能建立在對抗基礎上的道理是一樣的。問題的關鍵是，人們如何在尊重差異，特別是尊重多種政治發展道路的現實中，尋求和諧共生的秩序。

這又提出協商的重要性。這種協商並不只是國家與國家之間的協商，還包括國內政治和國際關係的協商，因為在對抗式民主制度下，國內政治經常否定國際合作協定，這方面的例子最近特別多，導致國際合作舉步維艱。對於國際關係來說，從中國政治發展道路、中國政治模式、中國制度體系所包含的外交含義來看，其努力在世界上創造一個多樣制度模式如何通過協商走向共生的秩序，中國道路為人類面臨的共性問題以及自身面臨的個性問題，探索和提供了新解。這方面中國一直矢志不渝地做，但僅僅靠中國一家來做還不行，需要更多的國家一起來做，如果這樣，我們或許可以走向更好的一種世界秩序狀態。

新社會主義研究叢刊 AA201018

大國治理

作　　　者	蘇長和	
版權策畫	李煥芹	

發　行　人　林慶彰

總　經　理　梁錦興

總　編　輯　張晏瑞

編　輯　所　萬卷樓圖書股份有限公司

排　　　版　菩薩蠻數位文化有限公司

印　　　刷　百通科技股份有限公司

封面設計　菩薩蠻數位文化有限公司

出　　　版　昌明文化有限公司

桃園市龜山區中原街 32 號

電話　(02)23216565

發　　　行　萬卷樓圖書股份有限公司

臺北市羅斯福路二段 41 號 6 樓之 3

電話　(02)23216565

傳真　(02)23218698

電郵　SERVICE@WANJUAN.COM.TW

大陸經銷　廈門外圖臺灣書店有限公司

電郵　JKB188@188.COM

ISBN 978-986-496-545-8

2020 年 2 月初版

定價：新臺幣 280 元

如何購買本書：

1. 轉帳購書，請透過以下帳戶

　合作金庫銀行 古亭分行

　戶名：萬卷樓圖書股份有限公司

　帳號：0877717092596

2. 網路購書，請透過萬卷樓網站

　網址 WWW.WANJUAN.COM.TW

大量購書，請直接聯繫我們，將有專人為您

服務。客服：(02)23216565 分機 610

國家圖書館出版品預行編目資料

大國治理 / 蘇長和著. -- 初版. -- 桃園市：

昌明文化出版；臺北市 ：萬卷樓發行,

2020.02

　面 ；　公分. -- (新社會主義研究叢刊 ；

AA201018)

ISBN 978-986-496-545-8(平裝)

1.中國政治制度 2.政治發展

　　　574.1　　　　　　　　109002150